丝路文旅研学精编系列指导教材

酒泉文旅研学手册

主　编　张英华　王权朝　吕开伟　刘　妍　阎雅瑛

天津大学出版社
TIANJIN UNIVERSITY PRESS

图书在版编目(CIP)数据

酒泉文旅研学手册 / 张英华等主编. -- 天津 : 天津大学出版社, 2024. 9. --（丝路文旅研学精编系列指导教材）. -- ISBN 978-7-5618-7825-5

Ⅰ. G127.423

中国国家版本馆 CIP 数据核字第 2024293XY9 号

出版发行 天津大学出版社
地　　址 天津市卫津路 92 号天津大学内(邮编:300072)
电　　话 发行部:022-27403647
网　　址 www.tjupress.com.cn
印　　刷 天津泰宇印务有限公司
经　　销 全国各地新华书店
开　　本 787mm×1092mm　1/16
印　　张 13.5
字　　数 337 千字
版　　次 2024 年 9 月第 1 版
印　　次 2024 年 9 月第 1 次
定　　价 45. 00 元

前　言

研学旅行是学校教育和校外教育衔接的创新形式，是教育教学的重要内容，是综合实践育人的有效途径。旅游+教育是新时代赋予我们的一种以真实体验感受为主、思想文化渗入为辅的全新模式，能够让新一代的年轻人，在研学旅行中去感悟、体会、成长，把历史沉淀的宝藏在旅途中慢慢挖掘，转化为自我财富，对成长中的学生起到正确的思想引领作用。

国务院办公厅于2013年2月颁布的《国民旅游休闲纲要（2013—2020年）》旅游新政策和自2016年11月以后相继出台的文件精神，为发展研学旅行提供了坚实的政策基础和保证。2019年8月19日至22日，习近平总书记在甘肃省的酒泉、嘉峪关、张掖、武威、兰州等地进行考察调研，明确了将文旅产业作为推动经济高质量发展的突破口，让文化"美起来"、产业"强起来"，以此提高现代文化旅游产业的服务水平。"一带一路"倡议，奏响了沿线国家和地区互利共赢、共同发展的"交响乐"。"交响丝路·如意甘肃"旅游品牌的提出，突出了甘肃文旅产业融合的需求。甘肃作为闻名于世的丝绸之路的黄金路段和枢纽地带，自古以来就是东西方的贸易大通道和文明大动脉，更是我国向西开放的重要地区和区域合作战略基地。紧抓"一带一路"建设、"三区三州"战略、甘肃省十大生态产业发展规划等重大机遇，甘肃省提出了大敦煌文化旅游经济圈建设的重点规划，加快了大敦煌文化旅游经济圈建设的步伐，为发展研学旅行提供了有力的政策保障。

随着研学旅行成为在校学生的刚需，研学旅行市场规模进一步扩大，研学旅行在实施过程中，也面临着不少问题。譬如，研学旅行市场行业门槛低且缺乏标准，组织方良莠不齐，缺乏专业审核；不少研学旅行缺乏课程设计，让研学旅行变成了集体旅游等。究其原因，主要是对研学旅行的概念认识还不够到位、对研学旅行的课程性质没有准确理解和把握，课程开发缺乏科学设计，实施过程中盲目性和随意性较大。要确保研学旅行高质量、健康可持续推进，课程开发是关键。

一、本教材开发的资源优势

1. 资源优势

酒泉—嘉峪关（以下简称“酒嘉”）的旅游资源对甘肃来说有其特色，以敦煌文化、关城文化和丝路文化为代表的旅游资源数量多、种类齐、品位高、名气大、优势强，且自然资源与人文资源相互融合，交相辉映。酒泉境内分布着一千余个独具魅力的西部文化胜迹，积淀了丰厚的文化底蕴。以莫高窟、榆林窟为代表的古代石窟艺术；以瓜州城、桥湾城区、玉门关、阳关、汉明长城及一百余座烽燧为代表的古长城、关隘遗址；以酒泉钟鼓、白马塔、金塔为代表的古建筑艺术；以敦煌祁家湾、酒泉下河清等为代表的古墓群遗址、火烧沟文化遗址、赵家水磨道遗址以及被誉为21世纪文史资料第五大发现的“悬泉置”遗址等，都向人们追述着酒泉地区昔日的风采。得天独厚的自然环境、辉煌的历史文化为酒泉留下了丰厚的资源，使其成为古丝绸之路上旅游的黄金地段。嘉峪关市扼古丝绸之路交通要冲，是长城文化与丝路文化、中原文化与西域文化交汇的城市，境内旅游资源极其丰富，文化元素多种多样，有世界历史文化遗产嘉峪关关城、国家重点文物保护单位魏晋墓群、“西部八达岭”之称的悬壁长城、丝路文化的典型代表石关峡景区、万里长城第一墩、讨赖河大峡谷等文物古迹和景区景点，以及与张掖市肃南县联合开发的七一冰川、文殊寺等旅游景区，还有近年来新建的东湖生态旅游景区、迎宾湖生态旅游园区、紫轩葡萄酒庄园、讨赖河水利风景区、嘉峪关大剧院、城市博物馆等一批人文景观。酒嘉地区作为发展研学资源目的地的资源优势显著。

2. 战略优势

甘肃旅游资源丰富，有“中国地理缩影，中华文明故乡”的美称。甘肃境内长达1600千米的丝绸之路是中国丝绸之路的黄金地段，酒嘉地区又是西线旅游区黄金地段的精华。甘肃旅游发展战略提出，培育以敦煌为中心的酒嘉旅游经济圈，从而构建河西走廊丝路精品旅游宽带的大敦煌战略。大敦煌旅游经济宽带的模式必须和丝绸之路旅游结合起来，和周边地区、省区联合开发，联合经营，将旅游开发与国际惯例接轨，从而塑造大敦煌旅游经济宽带的新形象。敦煌旅游经济圈位于河西走廊地带，丝绸之路全线穿过，是甘肃省旅游发展最具活力、最具发展潜力的地区，也是甘肃省旅游形象的一张王牌。发展丝路文化研学旅行产业将有力推动甘肃丝绸之路经济带黄金段的打造。

3. 历史文化价值

石窟寺庙、长城关隘、塔碑楼阁、古城遗址和历史文物等构成了酒嘉丝路文化旅游资源的特点。丝路上历史悠久的人类遗址，底蕴深厚的丝路文化，精妙绝伦的石窟壁画，宏伟壮观的雄关长城，以及淳朴浓郁的民族风情都强烈地吸引着游客。丝路文化的历史价值高，文化底蕴厚，迎合了当代人们求知、猎奇、研学、科考的旅游需求。

4. 政策优势

国家旅游局出台《中国旅游业“十二五”发展规划纲要（征求意见稿）》，国务院办公厅于2013年2月颁布《国民旅游休闲纲要（2013—2020年）》旅游新政策，自2016年11月以后相继出台的《关于推进中小学生研学旅行的意见》《研学旅行服务规范》《中小学综合实践活动课程指导纲要》等文件精神，部分省市研学政策也相继出台。2018年酒泉市旅游产业发展大会指出，要进一步理清思路，推动文化旅游产业高质量快速发展，大力实施“文化旅游+”战略，为发展地方研学旅行提供了有力的政策保障。

5. 大敦煌旅游文化圈的联动效应

酒泉地处古丝绸之路黄金地段和精华旅游带，以“敦煌飞天、中国航天、风光能源”三大品牌闻名全国，旅游业一直是酒泉发展的优势产业、动力产业、富民产业和生态产业，在酒泉区域经济发展中已经成为率先突进的产业和绿色经济、“富民战略”的战略支柱产业以及最具活力的经济增长点。在“十四五”期间，酒泉着力壮大文化旅游大龙头，全力推进中华文明传承创新区建设，推进东三县航天文化旅游经济圈和西四县敦煌文化旅游经济圈建设，打造国际旅游目的地和区域文化旅游集散地，把以敦煌丝绸之路文化为特色的文物资源作为重中之重，提升酒泉乃至甘肃文化发展的品牌力，立稳做实了“一带一路”文化制高点。大敦煌成为开启“一带一路”的金钥匙。

二、本教材特色

本教材是由酒泉职业技术学院丝绸之路研学旅行研究中心教师团队，联合酒泉市文体广电和旅游局、酒泉市教育局、酒泉卫星发射中心历史展览馆、酒泉市博物馆等合作开发，依托酒嘉地区丰富的丝路文化、自然和文化遗产资源、红色教育资源、非遗文化资源和综合实践基地、大型公共设施、工业企业、航天科技等资源、条件、设施开发出的工作手册式教材，可以作为对中小学生、青少年进行理想信念教育、爱国主义教育、革命传统教育、国情教育、非遗文化传承，以及丝绸之旅文化主题研学的参考教材，也可以作为职业教育“1+X”证书——“研学旅行策划与管理”职业技能等级证书的参考教材使用。教材具有以下特色。

（1）准确把握与学生认知层次对应的研学课程性质和形态，对于中小学生、青少年具有一定的参考适应性。

（2）在使用教材的过程中，可以随时进行学员和导师身份的转换。因此，本教材在进行丝绸之路文化传承的同时，深化旅游服务人才，特别是导游人才内涵的提升教育，通过研学导师对于项目操作的方法和流程训练，达到导游+研学导师的双身份培养目的，贯彻和落实“1+X 证书”人才的培养。

（3）教材体系设计与学生的能力、品格和素养培养紧密结合，结合学生的身心特点和丝绸之路文化资源情况，设计开发适合的主题，突出活动实施的规范化和指导性。

（4）注重教材内容的层次性和梯度，避免眼睛课程、耳朵课程、走马观花、浮光掠影。教材首先从研学导师的视角，引导学生掌握研学课程设计的理念和操作方法；从学员的视角，指导学生进行研学之后的思考与回顾，内化和升华研学体验；从研学导师能力提升的角度，在真实工作情景中，对工作任务、工作流程、工作准备、工作反馈等内容进行必要的补充和完善，对学生的实际工作起到真正意义上的指导，体现学生工作的个性化特点和工作创新性，让学生真正在能力上有所提升，在情感、态度、价值观方面获得深刻的体悟。

（5）教材中案例的整体性设计，打破学科界限，形成跨学科综合实践学习的组织育人体系。遵循实践育人的教育规律，通过体验、体悟、体认、践行等教育过程，在研学旅行活动中培养学生的能力和必备品格，促进学生的全面发展。

（6）立足教育性。作为实践育人的重要形式，本教材充分体现新时代我国“学思结合、知行统一”的教育理念。在动态开发的项目活动中，引导学生从个体生活、社会生活或与大自然的接触中获得真实的感受，并逐步提升对自然、社会和自我之内在联系的整体认知，培养他们对中华民族的情感认同、思想认同和政治认同。

（7）教材使用和实施的专业性。通过培养培训研学导师，进行课程专业化、规范化的实施，及时捕捉活动中学生动态生成的问题，促使教材开发、实施规划、组织协调与管理方面体系化。

（8）教材开发的融合性。活动项目的设计强调超越课堂和学校的局限，在活动时空上向自然环境、社会活动领域和学生的生活领域延伸，进一步加强校内校外教育资源的整合。

（9）评价的及时性。教材设计渗透考核评价体系，通过生生评价、师生评价、自我评价等方式，对教材使用、项目实施等过程进行及时评价。

我校自 2009 年开展“丝绸之路研学”以来，在研学课程设计开发中，进行了广泛持久的探索。在本教材编写过程中，王权朝、吕开伟、刘妍、阎雅瑛等同志提供了大量的课程设计案例。作为一种新型教材，其体例呈现方式都还在不断探索之中，还有很多需要完善之处，敬请各位专家学者提出宝贵意见。

编者

内容提要

本书重点依托酒泉—嘉峪关区域内及周边丝绸之路文化资源，专门为从事研学旅行行业和研学教育的专门人才编写的工作手册式教材。教材分为“研学准备我能行”“西风烈马战边关”“敦煌文化贯穿古今”“航天成就飞天梦”“给我一天，还您三千年”“非遗传承弘国粹”“护航研学”等七个篇章。本书以地方研学旅行资源为依托和线索，任务为驱动，参照《研学旅行服务规范》（LB/T 054—2016）、《中小学生研学旅行实施规范（征求意见稿）》（T/CEAIE005—2019）中的主要内容，设计“任务学习”内容，对学生进行研学旅行服务和实施规范的养成教育；设计“讨论与交流”版块，引导学生进行拓展性学习，开阔思维，提升认识；按照“资源调查—课程设计—课程实施—课程完善”的思路，进行“任务活动”设计，该部分是本书的重点，也是课程教学的目的。“任务活动”部分旨在培养学生对研学旅行资源的调查和分析能力、研学课程设计和实施能力，同时培养研学导师在工作过程中的创造性思维和创新性工作方法，彰显个性化工作理念、模式和思路，使导师的导游服务和研学旅行服务能力得到更为专业化的提升，体现先进的人才培养理念和培养模式，对各中小学研学旅行项目实施和职业院校研学旅行服务人才培养提供一定的参考依据。

目　录

第三篇　敦煌文化贯穿古今

第六篇　非遗传承弘国粹

第七篇　护航研学

第一篇

研学准备我能行

研学旅行，犹如一道绚丽的彩虹，为孩子们的学习生活绘就了斑斓的画卷；它如甘甜的清泉，滋养着孩子们内心的集体主义精神之树；它似辽阔的蓝天，让孩子们在欢声笑语中展翅翱翔，拓宽视野，丰富知识。在研学导师的悉心引导下，孩子们全身心地投入实践活动的海洋，展现出“勇敢探索、活泼灵动、互帮互助、携手前行”的作风。在老师和同伴的鼓励下，他们迎难而上，坚持不懈，将看似不可能的实践体验化为现实，实现了自我超越的壮丽飞跃。他们分工合作，各司其职，纯真的笑脸上洋溢着自主成长的喜悦，参与实践的豪情，以及不断进步的快乐。

如今，研学旅行的大幕已经拉开，你，准备好迎接这一场精彩纷呈、收获满满的学习旅程了吗？

任务　研学，我来了

任务目标

☆**知识目标**

1. 掌握研学导师的基本要求、师德师风要求、专业知识要求和专业能力要求；
2. 了解课程实施准备的内容，包括行前指导、活动报批和公示等。

☆**能力目标**

1. 能够设计一张研学成员个人信息简表；
2. 能够制定研学旅行小组组规；
3. 能够完成研学课程行前安全教育告知书；

4. 能够讨论并分享研学课程实施前的安全准备工作。

☆**素质目标**

1. 培养学生的团队协作能力，优化小组活动流程，提高组织执行效率；

2. 提高学生的安全意识，确保每位学生都能成为安全旅行的守护者，同时增强其对研学任务的责任担当；

3. 塑造专业责任感与使命感，培养学生在研学旅行中主动作为、勇于担当的专业精神，为团队目标的达成贡献自己的力量。

任务学习

一、对研学导师的要求

1. 基本要求

（1）应具备开展研学旅行活动的身体和心理素质。

（2）应参加不少于 24 学时的岗前培训，包括师德师风、专业知识、专业能力等方面的培训。

（3）应与研学活动承办方或供应方签署正式的派遣合同。

2. 师德师风要求

（1）应热爱教育事业，具有职业理想，践行社会主义核心价值观。

（2）应自觉遵守国家相关教育法律法规。

（3）应具有良好职业道德修养，为人师表。

（4）应具有团队合作精神，能积极开展协作与交流。

（5）关爱学生，尊重学生，保护学生安全。

（6）尊重学生独立人格，平等对待每一位学生，不讽刺、挖苦、歧视学生，不体罚或变相体罚学生。

（7）尊重学生个体差异，注重因材施教，满足不同学生的学习需求。

（8）信任学生，积极创造条件，促进学生的自主发展。

（9）富有爱心、责任心、耐心和细心。

（10）衣着整洁得体，语言规范健康，举止文明礼貌。

3. 专业知识要求

（1）了解中小学教育教学的基本原理和方法，掌握相关专业基础知识、基础理论和基本技能。

（2）了解研学旅行目的地、实践点、基地及营地的基本情况。

（3）了解保护中小学生相关的法律法规。

（4）了解政治、经济、历史、地理以及非物质文化、风土习俗等方面的通识性知识。

（5）熟悉研学旅行相关的政策与法律法规。

（6）熟悉与研学旅行活动课程相关的教育技术。

（7）掌握基本的安全急救知识和灾害应急常识。

4. 专业能力要求

（1）应具有跨学科知识整合的能力。

（2）应具有课程资源开发和教学方案设计的能力。

（3）应具有较强的活动组织实施能力。

①具有较强的组织管理能力、沟通协调能力、教育教学能力和安全保障能力，能将研学旅行的活动课程目标落实到具体的课程实施中，确保课程安全有序地开展。

②能通过启发式、探究式、讨论式、参与式等多种方式，有效实施研学旅行活动课程。

③能有效调控课程实施过程，合理处理突发事件。

④能引导学生独立思考和主动探究，培养学生的创新思维。

⑤能充分做好课程准备工作，确保向各方清晰解读研学旅行活动的课程方案，并对各项活动课程的准备情况进行详细检查。此外，还会对关键环节进行实地考察，以确保研学旅行的顺利进行。

（4）应具备课程总结评价能力。

①能灵活应用多种评价方法，客观公正反馈学生成绩。

②能在课程实施过程中，针对重要环节进行过程性评价，引导学生进行自我评价。

③能通过细心观察、多元评价，对学生的学习态度、能力和效果进行综合性评价。

④能组织课程成果展示，利用学生展示情况进行自我评价，同时完善研学旅行活动课程方案和组织实施工作。

二、课程实施准备

1. 行前指导

（1）指导学生提前查阅相关资料，进行必要的知识储备。

（2）指导学生了解基本的安全防护知识和应急措施。

（3）指导学生阅读文明公约、学习要求、起居规范等。

（4）指导学生整理出行所需物品，包括衣物、洗漱用品、学习资料等。

（5）提前告知学生及家长旅行交通和住宿信息，以便其准备有关证件。

2. 活动报批和公示

（1）学校应提前一周向当地教育行政部门备案，获得批准后，方可实施研学旅行活动计划。

（2）学校、活动承办方和供应方应提前公示研学旅行活动概要。

（3）学校应联合活动承办方在行前召开说明会并发放告知书，提前告知家长课程目标、课程内容和具体安排、线路、费用、注意事项等。

任务活动

1. 设计一张研学成员个人信息简表：包含学员姓名、性别、年龄、学校、年级、小组成员、组长姓名、指导老师、研学课程名称、研学起始时间等信息。

2. 制定研学旅行小组组规：以小组为单位从安全自护、团队合作、健康环保、探究合作、文明公德、自我超越等六个方面制定本小组的组规。

3. 完成以下研学课程行前安全教育告知书：为了安全有效、保质保量地完成此项活动，做到防患于未然，活动组织方制定以下安全预案与保障措施。（至少完成 4~5 条）。

4. 讨论与分享：研学课程实施前，应做好哪些安全准备工作？

任务评价

自我评价：针对本篇任务的学习情况，进行自我评价，并填写下表。

学生姓名：　　　　年级：　　　　专业：　　　　班级：　　　　评价时间：　　　年　　月　　日

评价类型	评价内容	评价结果				
		10 分	8 分	6 分	4 分	2 分
习惯养成	态度积极，遵守纪律，自觉探究					
	独立自主，帮助他人，协作友爱					
情感养成	人文科学素养提升，求知求实，态度积极					
	团队意识、爱国意识、心理品质提高					
能力养成	按课程要求完成学习任务情况					
	学习能力与专业技能提升情况					
	综合运用知识解决问题、实践创新情况					
知识学习	人文、自然、社会知识学习情况					
	课外知识拓展及科学原理理解学习情况					
	书本知识在学习生活中的应用了解情况					
自评得分						
需要提高改进的方面						

第二篇

西风烈马战边关

“西风烈，长空雁叫霜晨月。霜晨月，马蹄声碎，喇叭声咽。雄关漫道真如铁，而今迈步从头越。”

品酒泉故事，展大汉雄风；登天下雄关，忆峥嵘岁月；走玉石之路，感苍凉春风；追长征足迹，传红色基因。

任务1　酒泉故事

任务导入

两千多年前，西汉武帝时期，骠骑将军霍去病大败匈奴，于是有了汉武御酒倾酒入泉，“酒泉”因此而得名……从此翻开了中国历史上精彩的一页：平定河西，边陲安宁，开通丝绸之路，遂有汉唐盛世。横扫欧亚的汉武神威，襟怀欧亚的中华气度，“丝绸之路”因此而成为人类史上举世无双的文明之路，“化干戈为玉帛”的社会理想，形成了人类历史上前所未有的繁荣局面。空前的经济贸易，广泛的文化交流，强大的政治体制，长期稳定的国家统一，揭开了世界历史上影响深远的一幕，这就是汉武帝设“酒泉郡”的历史意义。张骞凿空，苏武牧羊，班超从戎，玄奘取经，草圣张芝，文成公主，从霍去病到左宗棠，从马可·波罗到李希霍芬……谱写了多少壮丽的史诗，留下了多少不朽的英名。

酒泉人民不仅创造了绚烂多姿的古代文明，也创造了令世界瞩目的现代文明，在共和国的史册上续写了辉煌的篇章，在浩漠奇山里创造了新时代壮美画卷。

酒泉，中华民族的飞天梦萌生和梦圆的地方，她的神秘和苍茫是你无法拒绝的诱惑。来吧！背起行囊，即使一个人也能踏上西行的路，踏上你今生注定的飞天之旅。

任务目标

☆**知识目标**

1. 了解酒泉市肃州区研学资源类型和特色资源内容；
2. 掌握制定研学课程总体目标的内容要求；
3. 熟悉研学课程不同学段的目标内容。

☆**能力目标**

1. 培养研学资源特色分析与教育价值挖掘的能力；
2. 训练研学目标精准定位与资源匹配的能力；
3. 提升研学目标分层制定与个性化设计的能力。

☆**素质目标**

1. 增强学生的生态环境保护意识，培养在研学旅行中践行绿色、低碳、可持续的旅行方式；
2. 激发学生的科技创新思维，提升解决实际问题的能力，以及将理论知识转化为实践创新的能力；
3. 引导学生形成积极向上的情感态度，培养对家乡文化的自豪感与认同感，坚定文化自信；
4. 在研学策划与管理中关注学生的个体差异与需求，树立“以人为本”的服务理念。

任务学习

研学课程目标的制定

一、总目标

学生能从研学旅行课程中拓宽视野、丰富知识、了解社会、亲近自然、参与体验，形成并逐步提升对乡情、县情、市情、省情、国情的整体认识，具有价值体认、责任担当、学会学习、健康生活、实践创新等方面的意识和能力。

二、学段目标

（一）情感目标

1. 小学阶段

（1）初步了解以人为本的意识，尊重、维护人的尊严和价值。

（2）培养发现美的基本意识，初步形成艺术表达和创意表现的兴趣和意识。

（3）初步具备问题意识、实证意识和严谨的求知态度，具备强烈的好奇心、想象力和探索精神。

（4）初步认识生命的意义和人生价值，培养积极的心理品质、健康文明的行为习惯和生活方式。

（5）初步具备社会责任意识和法治观念，形成团队意识和社会公德意识。

（6）具有积极参与社会服务的意愿，践行社会主义核心价值观，初步形成对党、国家、人民的热爱之情，爱亲敬长、爱集体、爱家乡的意识。

2. 初中阶段

（1）初步形成以人为本的意识，尊重、维护人的尊严和价值。

（2）尊重文化艺术的多样性，形成欣赏美的意识和艺术表达、创意表现的兴趣。

（3）具备问题意识、实证意识和严谨的求知态度。

（4）认识生命的意义和人生价值，培养积极的心理品质、健康文明的行为习惯和生活方式。

（5）具备社会责任意识和法治观念，形成团队意识和社会公德意识。

（6）积极参与社会服务，践行社会主义核心价值观，培养对党、国家、人民的热爱之情，拥护中国特色社会主义道路，弘扬民族精神。

3. 高中阶段

（1）具备以人为本的意识，尊重、维护人的尊严和价值。

（2）尊重文化艺术的多样性，具备评价美的意识和基本能力，增强艺术表达和创意表现的兴趣和意识，能在生活中拓展和升华美。

（3）尊重事实和证据，具备探索精神、实证意识和严谨的求知态度。

（4）理解生命意义和人生价值，具备积极的心理品质、健康文明的行为习惯和生活方式。

（5）形成社会责任意识和法治观念，培养团队意识和奉献精神。

（6）具备对党、国家和人民的热爱之情，拥护中国特色社会主义道路，弘扬民族精神，增强民族自尊心、自信心和自豪感。

（二）能力目标

1. 小学阶段

（1）通过深入研学情景，初步认识并理解基本知识、基本技能和基本方法。

（2）通过观察、实践初步了解基本的科学原理和方法。

（3）通过相关课程的学习、资料的查阅，初步具备学习能力和发现问题的能力。

（4）通过动手操作实践，运用手工设计与制作的基本技能，提炼实践经验，提高创新意识和实践能力。

（5）在集中食宿过程中，掌握基本的生活常识，锻炼基本生活的能力。

2. 初中阶段

（1）运用已获得的自然、人文等知识，对当地自然人文现象进行分析，作出判断。

（2）能够将问题转化为有价值的研究课题，运用科学的方法开展研究。

（3）运用一定的操作技能解决问题，提高实践创新意识和创意实现能力。

（4）运用有效的方法，表达、交流学习的体会、想法和成果。

（5）在集中食宿过程中，掌握生存、生活技能，养成自理、自立能力。

3. 高中阶段

（1）能够运用科学的思维方式认识事物、解决问题、指导行为，积极寻求有效的解决问题的方法。

（2）掌握并综合运用多种操作技能，解决生活中的问题。

（3）通过各种途径，增强创意设计、动手操作、技术应用和物化能力，提高创新实践能力。

（4）综合运用所学知识，积极参与团队研学，完成研学成果的创作、展示。

（5）在集中食宿过程中，掌握生存、生活技能及自我保护能力。

（三）知识目标

1. 小学阶段

（1）初步了解当地人文领域的基本知识和成果，感受人类的生存、发展和幸福。

（2）初步了解当地自然领域的基本知识和成果，认识自然现象与景观。

（3）初步了解当地社会领域的基本知识和成果，认识社会现象与实事。

（4）在场景中了解书本上无法呈现的抽象知识，拓宽知识面。

（5）初步了解书本知识在生产、生活中的应用。

2. 初中阶段

（1）了解当地人文领域的基本知识和成果，以及人文思想中所蕴含的认识方法和实践方法。

（2）了解当地自然领域的基本知识和成果，初步了解自然现象与景观。

（3）了解当地社会领域的基本知识和成果，初步了解社会现象与实事。

（4）提前了解途中印证小课题所需要的知识，加深对知识的理解，初步建构自己的知识体系。

（5）了解并能初步将书本知识应用在生产、生活中。

3. 高中阶段

（1）了解古今中外人文领域的基本知识，理解并能初步运用人文思想中所蕴含的认识方法和实践方法。

（2）了解自然领域的基本知识和成果，学会初步分析自然现象与景观。

（3）了解社会领域的基本知识和成果，学会初步分析社会现象与实事。

（4）初步了解和掌握基本的科学原理和方法，能够独立作出选择和决定，建立自己的知识体系。

（5）了解并能将书本知识应用在生产、生活中。

讨论与交流

1. 如何规范定义“研学旅行”和“研学导师”？

2. 研学旅行资源有哪些类型？如何分类？

任务活动

1. 研学资源调查：根据下表分类，对酒泉市肃州区的研学资源进行分类调查并进行分析。

目的地名称	酒泉市肃州区
地理类研学资源概况	
自然类研学资源概况	
历史类研学资源概况	
科技类研学资源概况	
人文类研学资源概况	
体验类研学资源概况	
最具研学价值和意义的资源类型	

2. 研学课程设计：选定以上调查中的一个资源类型和载体，依托该研学资源特色，完成下表中研学课程设计内容。

资源载体（单位）		
课程名称		
适用对象（年龄学段）		
课程目标	情感目标	
	能力目标	
	知识目标	
课程时间长度		
任务活动设计		

3. 课程案例阅读：阅读课程设计案例 1，了解并熟悉研学课程设计的基本要素，指出该课程设计中存在的不足，并提出一些修改意见。

课程设计中存在的不足和问题	
课程设计修改意见	

课程设计案例 1：品西汉文化·展大汉雄风

一、课程载体

西汉酒泉胜迹，如图 2–1 所示。

图 2–1　西汉酒泉胜迹

小资料

西汉酒泉胜迹

西汉酒泉胜迹，位于甘肃省酒泉市肃州区城东 1.9 千米处，占地面积 27 万平方米。其中，有天然湖泊 5 万平方米，是一座源于西汉史实、表现大汉雄风、融合江南灵秀的古典园林，是河西走廊唯一保存完整的一座汉式园林，迄今已有 2000 多年的历史，是酒泉地方文化的核心和载体。园内有泉有湖，有山有石，建有酒泉胜迹、月洞金珠、西汉胜境、祁连澄波、烟云深处、曲苑餐秀、花月双清、芦伴晚舟八大景区，古树名木，参天蔽日；亭台楼阁，雕梁画栋，素有“塞外江南”“瀚海明珠”之美誉。如今，这里已被文化和旅游部评为 AAAA 级旅游景区。

西汉胜境，由汉阙大门、神明大桥、庙坛高台及园前汉武广场构成。其主体以汉风格的台、阙式建筑为特征，豪放朴拙，大气磅礴，具有鲜明的汉风神韵。

西汉胜迹的南门，也是公园的正门，它是仿汉阙式门楼建筑，主体由子、母阙构成，风格古朴自然，气势恢宏雄壮。中堂上悬挂的两块牌匾，揭示了西汉酒泉胜迹的独特风光和深厚的历史内涵。其中，“瀚海明珠”是中国书法家协会理事张道兴所题，“泉湖胜景”是曹无所题。匾额的上方镶嵌着一幅牛头浮雕，是采用祁连山深处特有的花岗岩石精雕而成的。

酒泉中的泉眼冬季不冻，泉水向北渗入小湖。绕过泉边，沿曲径往里走，一座座假山环绕着一个明洁如镜的湖泊。一座高大的石拱桥，把湖面一分为二。湖面上有九曲桥、假山等景致。公园西侧的动物园，有各种鸟类、鹿、熊、猴等动物，还有产于甘肃的熊猫、金丝猴、野骆驼、牦牛等供游人观赏。

霍去病西征群雕，位于“酒泉”北侧，它流光溢彩，气度不凡，群雕分为“出征”“鏖战”“庆功”三组场景，生动而艺术地再现了霍去病将军大捷时的历史功绩和酒泉的来历。

二、适用对象

小学生和初中生。

三、课程目标

（一）情感目标

领略汉代文化的博大精深，加深对地方历史文化的认识和感悟，培养学生热爱家乡的情感。

（二）知识目标

（1）了解西汉时期酒泉的历史。

（2）了解中国园林艺术。

（3）了解中国古建筑知识。

（三）技能目标

（1）培养学生团结、互助、自信、协作的团队精神。

（2）提高学生弘扬优秀历史文化的语言表达技能。

四、课程内容

了解西汉时期酒泉的历史文化和汉阙式建筑，体验汉代深厚的历史文化内涵。

五、课程时间长度

半天。

六、研学环境

酒泉西汉胜迹。

七、课程准备

(一)学生准备

(1)景区导游词。

(2)倾酒入泉的道具:酒坛、将军服、酒杯。

(3)布艺小毛驴。

(4)投壶游戏的道具。

(二)基地准备

一片空旷的草地。

八、课程实施过程

(一)课程导入

研学导师:"通过学员手册,大家对西汉酒泉胜迹有了一个初步的了解,我在这里有两个小问题问一下大家。

问题1:酒泉地名因何而来?

问题2:园内有一种柳树,它叫什么名字?"

(二)任务活动1 泉湖胜景

1. 西汉酒泉胜迹

西汉酒泉胜迹,是河西走廊唯一保存完整的一座汉式园林,迄今已有2000多年的历史。园内有泉有湖,有山有石,建有八大景区。古树名木,参天蔽日;亭台楼阁,雕梁画栋,素有"塞外江南""瀚海明珠"之美誉。如今,已被文化和旅游部评为AAAA级旅游景区。

2. 汉武广场

走进西汉酒泉胜迹的大门,首先映入眼帘的便是园前广场,我们亲切地称之为汉武广场。这片广场不仅是景点间的过渡空间,更是汉风建筑的完美展示。环顾四周,你会被那些庄重清朗、宏伟高耸的建筑所包围,它们仿佛在诉说着古老而辉煌的历史。

仔细端详，你会发现这个广场的布局巧妙地借鉴了中国古代关城建筑中的瓮城形式。古时的瓮城，是军事防御的智慧结晶，而我们的“城”，则意在挽留您的脚步，让您在这块土地上，深深感受那四面八方弥漫的大汉气象。

广场中央，一条卵石嵌装的水纹图宛如历史的长河蜿蜒而过。上面镶嵌着九组共计99条黑金砂石简牍（图2–2），黑色在古代代表着水的神秘与深邃，“九”则寓意着美酒之“酒”，而“九九”则象征着“长长久久”。西汉酒泉胜迹，泉水清澈，千年不竭，美酒醉人，历史功勋卓著。这些元素并非刻意为之，却巧妙地诠释了园内的核心主题。“久久”二字，不仅代表着酒泉历史的源远流长，更预示着酒泉未来的长盛不衰。

这些黑色简牍上，铭刻着汉武帝生平的23件大事，每一件都熠熠生辉，见证了一个伟大时代的崛起与辉煌。从武帝刘彻的诞生，到汉朝始立年号，再到开拓南疆、北击匈奴，以及置郡河西、与乌孙和亲等重大历史事件，无不彰显着汉武帝的雄才大略和非凡成就。

图2–2 汉武广场黑金砂石简牍

沿着这些伟大事迹的足迹，黑色的石简与水纹图相互呼应，引领着我们走向古泉和泉湖。这条历史的潜流，不仅是大汉历史背景下河西，特别是酒泉历史的主脉，更是胜迹园林的水脉。当我们回首遥望祁连山的皑皑白雪时，心中不禁涌起一股莫名的感动。这水脉，不正是一直通向祁连雪山的冰川吗？泉湖之水天山来，水脉即天脉，它承载着大自然的恩赐与历史的厚重。这条历史潜流，还是一条贯通古今的文化脉络。它汇聚了我们的视线，让我们沉浸于辉煌的大汉历史之中，感受汉武盛世的丰功伟绩。作为大汉历史背景下河西，特别是酒泉历史的主脉，它贯穿于整个园子的中心，成为一条独特的文脉——西汉酒泉胜迹的主题文脉。在这里，我们不仅能够领略到自然风光的秀美与神奇，更能够感受到历史文化的厚重与深邃。

3. 文昌阁

这两座坛庙是清代光绪年间的建筑，典型的明清风格。西边的一座叫佛祖庙，东面的叫文昌阁。佛祖庙中供奉的是佛祖释迦牟尼和他的两个弟子阿难和迦叶的塑像。文昌阁里绘有文昌帝君的画像，旧时求学赶考的人们都要上这里来拜谒，以求能够获取功名利禄。两座坛庙一主佛事，一主人事，人们在这儿祭拜，或者祈求消灾避难，或者祈求考试顺利。这种积土为坛、坛庙合一的手法，也是秦汉时期早期苑囿思想向往神灵的特有风貌。现在，在两座坛庙间架起廊桥，将它们连成一个整体。桥上有廊亭，有屋，屋即为桥，桥也是屋。整个建筑色调宁静素雅，庄重沉稳，显现出砖瓦石材的特有质感，体现了西汉流行的高台建筑气派。

（三）任务活动 2　盛世丝路

走盛世丝路，扬大汉威武。

眼前这条明朗畅通的大道，仿佛是一条穿越时空的走廊，引领我们重回那个辉煌的时代。脚下的石板浮雕，细腻而生动，每一块都承载着汉武帝“列四郡，据两关”的辉煌历史。它们默默诉说着那段波澜壮阔的岁月，见证了汉武帝开疆拓土、一统天下的雄伟壮志。漫步在这条大道上，我们仿佛能听到马蹄声声，感受到旌旗猎猎，仿佛能亲眼目睹那些英勇的将士们驰骋疆场、建功立业的壮丽场景。这一切，都让我们对大汉的威武与辉煌有了更加深刻的体会和认识。（图 2–3）

图 2–3　盛世丝路

1. 汉武扬威（1、2 块砖）

武威郡原来是匈奴休屠王的领地。休屠王和浑邪王共同降汉，后被浑邪王杀死，他的领地被汉朝所有。在汉武帝元狩二年也就是公元前 121 年设郡，地名的意思是“耀武扬威”，宣示着大汉的强大力量。以其“通一线于广漠，控五郡之咽喉”的重要地理位置而闻名，被称为“兵食恒足，战守多利”的“银武威”。中心是最为人熟知的铜奔马——“马踏飞燕”的形象，骏马奔驰，却又脚踩疾飞的燕子，这一形象的原型青器出自雷台汉墓，是胸襟博大的汉人创造了这震惊世界、最能代表我们民族想象力的伟大作品。从它诞生那天起，一直驰聘到了日新月异的今天，是中国旅游的标志。与此主题呼应的是，中心上下各为汉代车马的图形，取材于武威汉墓壁画。左右分别是罗什寺塔和白塔，都是此地最有影响的历史遗迹。四角是汉铜币式样的篆书“汉武扬威”四字，点出大汉建郡于此的战略雄图。内边装饰以水纹花边，外边是“银”字变形花边，意为“银武威”。

2. 张国臂掖（3、4 块砖）

张掖郡设于西汉武帝时。远古时候属于中华九州的雍州，西周时居住着狄族和戎族人。春秋战国时期，月氏人在这里繁衍生息，秦王朝时它成为匈奴的属地。汉武帝接纳匈奴浑邪王投降，据有河西之地后，于元鼎六年（前 111 年）分出武威郡的一部分设置张掖郡，意欲“断匈奴之臂，张中国之掖（腋）”。这里自汉设郡后，一直是以汉族为主的农耕之地，土地肥沃。铜雕的画面中央，四幅细腻图案交相辉映，生动地展现了汉张掖郡的四大古迹名胜——庄重古朴的木塔寺、肃穆庄严的大佛寺、历尽沧桑的土塔寺以及雄伟壮丽的鼓楼。这些古迹名胜不仅承载着张掖郡深厚的历史文化底蕴，更是汉时风貌的生动写照。铜雕的四角，则巧妙地运用了古钱的形状，镶嵌着篆书的“张国臂掖”四个字。这四个字宛如历史的烙印，让人们联想到张掖郡的建立，不仅是大汉疆土扩张的重要里程碑，更是国家向西开拓、巩固边防的坚实基石。这座位于西部边陲的雄伟城市，如同国家的一只坚实手臂，守护着门户，彰显着大汉的威武与荣耀。内边的骆驼图案连成的花饰，让我们仿佛听到走向西域的商队驼铃。外边花纹则由一个“金”字形连缀而成，暗示“金张掖”的美誉。

3. 玉酌酒泉（4、6 块砖）

酒泉郡开设在西汉武帝时代元狩二年，也就是公元前 121 年，汉朝夺取河西之地，设立了武威、酒泉两个郡。这时的酒泉郡辖区与新中国成立后所设的酒泉地区大体相当。汉武帝元鼎六年，也就是公元前 111 年，从酒泉郡分出一部分设置了敦煌郡，酒泉境域缩小到自今高台西部到今玉门市西境止。“玉酌酒泉”，让我们自然联想到酒泉盛产祁连美玉，想到那些用祁连美玉精磨细琢而成的夜光杯，想到了许多荟萃了千年工艺精华而雕琢的玲珑剔透的酒泉玉器，想到那些千年以来手中把玩着精美的玉杯畅饮酒泉美酒的豪迈情怀，更让我们想到大汉开拓西域后“列四郡，据两关”，其中一座就是闻名古今中外的雄伟关卡——玉门关。在中心圆形图案的中央，一只爵形玉杯衬在“万”字纹样上，显得精巧古雅。围绕着这个圆形，四角衬以葡萄藤花饰，渲染了美酒的主题。中心图案上面是酒泉郡介绍，下面是一幅汉画像砖的酿酒图，四角缀上了古钱币中镌刻的“玉酌酒泉”四个篆字，这些精粹的内容，为悠久辉煌的酒泉历史文化传神绘影，画龙点睛。包裹着它们的是“泉”字变形连成的纹饰，就像涓涓不尽的古泉流水，滋养着酒泉的历史文化。

4. 盛大敦煌（7、8 块砖）

公元前 111 年，汉朝分出酒泉郡的一部分设置了敦煌郡。这幅“盛大敦煌”的铜浮雕，象征其伟大辉煌的历史遗存。敦煌莫高窟，以其灿烂多姿的艺术珍藏，成为中华文明的骄傲。作为莫高窟标志建筑的九层塔楼，高大庄严。龙纹花边外，浮雕上的飞天在祥瑞彩云间翩跹而舞，轻盈婀娜，飘飘欲飞。走过四郡如同走进大汉开疆拓土的伟大历史。走进丝绸之路，走进荡荡阳关大道，在这番历史文化的巡礼中，汉代设立四郡的壮举和丰功伟绩令人心潮澎湃。

5. 据两关（9、10 块砖）

间隔着四郡图的，是三块大理石雕刻的玉纹图，展现着大汉盛世开通河西古道的壮举。选择“玉”作为主要表现对象，除以上介绍酒泉郡图案时的那些含义外，还意味着，河西走廊自古以来就是输送美玉的通道，是丝绸之路，是沟通中西方经济和文化交流的枢纽，是一条如玉一样珍贵灵便的黄金大道。玉还与“玉酒泉”“玉门关”“夜光杯”这些酒泉文化特质有关。玉文化是中华古国的国粹，玉石与大汉民族悠久灿烂的文明相伴相生，是中华文化的精神载体。玉是通灵之物，喻示着君子坚贞纯洁的美德和人格操守。它的晶莹剔透代表某种神性，是通灵神明的媒介。为此，这里安置三块玉纹图，从南向北，分别是“卧牛玉纹”“神鹿玉纹”“神人玉纹”。此构图是从汉代器皿图案演变而来，线条流畅，造型充满想象力，传神而富于趣味，手法简洁显示出高深，意境简淡却透露着玄妙。三块玉纹图，分别代表着天、地、人三界，集中展示了酒泉的玉文化。而玉文化，既是人们向往天上神界的精神产物，又是这片土地上的人们勤劳善良、悠然自得、精致文雅的生活写照，更是一方神奇热土上人们人格品行的结晶，代表了酒泉的工艺特色和特有的工艺精品。古老的酒泉与玉“你中有我，我中有你”，关系密切。因而，回顾酒泉的历史，也就是回顾美玉的这一段传说，回顾美玉的采集、流传、运输、加工、制作的动人历史。

（四）任务活动 3　历史重现——倾酒入泉

让同学们先根据自己掌握的历史知识，对“霍去病倾酒入泉”的情境进行表演：汉皇赐美酒，霍去病倾酒入泉与众将士共饮情景再现。然后再给同学们一点时间，定演员，编台词，稍作练习后，进行表演，也可以观看景区的情境表演。

（五）任务活动 4　游戏——一起冒个泡

将同学们围成大圈，双手搭前面同学的肩膀，绕着“酒泉”泉眼顺时针行走，喊“一二三”齐跳落地，泉眼中会有很多的水泡高高冒起，见证“酒泉”的神奇。（图 2-4）

图 2-4　神奇“酒泉”

（六）任务活动 5　左公植柳造绿

1. 研学导师讲解

左公柳是晚清重臣左宗棠西进收复新疆时带领湘军一路所种植的道柳。这棵道柳，距今已有 130 多年历史，高 25 米，树冠覆盖面积为百余平方米，至今枝繁叶茂，郁郁葱葱。左宗棠，字季高，湖南湘阴人，晚清著名儒将、政治家、军事家。左宗棠从小生活在湘江之滨，对绿树有着特殊偏爱。1876 年，作为钦差大臣左宗棠在肃州（今酒泉）召开誓师大会，从酒泉出发，进军新疆，并抬着一口棺材，势必要收复新疆。他率领湘兵来到西北大漠，深感气候干旱，了无生气，又水土不服，于是就命令筑路军队，在大道沿途、宜林地带和近城道旁栽满杨树、柳树和沙枣树，名曰道柳。其意在于，一是巩固路基，二是防风固沙，三是限戎马之足，四是利人乘凉，凡所到之处，都要动员军民植树造林。后来，人们便将左宗棠部署种植的柳树，称为“左公柳”。

2. 参观左宗棠纪念馆

研学导师带领同学们参观左宗棠纪念馆。

（七）任务活动 6　投壶游戏

投壶是古时候士大夫宴饮时玩的一种投掷游戏，也是一种礼仪，在战国时期较为盛行，尤其是在唐朝得到了发扬光大。（图 2–5）

图 2–5　投壶游戏

规则如下：大家可以自行组队参与游戏，每组共有三次投掷机会；在每次投掷中，可投掷五支箭，并在下表中记录每组的成绩；最后，将各组三次投掷的总投中次数进行统计和比较，投中次数最多的组将荣获第一名，其次是第二名和第三名，并为获奖的组别颁发相应的小奖品。

组别	人员	第一次	第二次	第三次	总分	名次
第一组						
第二组						
第三组						
第四组						
老师组						

（八）任务活动 7　展示分享

每组选派一位代表，分享本次研学后的感悟和收获。

（九）任务活动 8　总结与拓展

1. 总结

酒泉因酒而得美誉，因泉而名天下。今天，我们一起学习了西汉时期酒泉的历史，了解了中国园林艺术和中国古建筑知识，酒泉汉武盛世的丰功伟绩让我们对建设美丽家乡充满信心和希望。

2. 拓展

左公斩驴护树

左宗棠带领清军，在新疆消灭阿古柏势力，维护了中国主权和领土完整，设立新疆省。他从新疆返回肃州，见昔日所栽树木许多枯死，于是微服私访，发现很多柳树树皮被剥，有乡民将毛驴拴在树上，任由其啃食树皮，左公当即下令将毛驴斩首，并发通告："若再有驴毁坏树木，驴及主人同罪，格杀勿论。"此令一出，肃州城中，人人爱树，敬若神明。酒泉人从此逐渐养成爱树习惯，而肃州城乡逐渐绿树成荫。

3. 课程设计优化与实施

（1）阅读课程设计案例 1；

（2）对该课程活动设计进行优化改进；

（3）进行课程模拟实施；

（4）填写课程实施主要活动内容表，并进行课程实施小结。

课程名称	
课程活动主要内容	

续表

课程实施小结	

课程设计案例 2：绘出金秋“童画”——金塔胡杨林

一、课程载体

金塔沙漠胡杨林，如图 2–6 所示。

图 2–6　金塔沙漠胡杨林

小资料

金塔沙漠胡杨林景区

金塔沙漠胡杨林景区，位于古丝绸之路中段北侧、甘肃省金塔县城西北 8 千米处，由胡杨林——金波湖核心游览区、沙枣林观光休闲区、瀚海红柳林保育区、沙漠康体理疗区和芦苇湿地迷宫区五个功能区组成，占地面积达 5300 万平方千米，景区内分布着西北地区最大的“化石级植物”万亩人工胡杨林，极具观赏价值。

金波湖碧波荡漾，胡杨林金碧耀眼，沙枣花清香扑鼻，野生动物种类繁多；红柳红艳秋醉，芦荻白花寒吹，沙滩柔绵，阳光迷人。来此地游览，能充分领略大漠风情，鉴赏胡杨文化，探秘桐林幽境，体验沙瀚野趣。这里是集生态造林、防风固沙、餐饮娱乐、休闲度假、摄影创作、观光旅游为一体的旅游胜地，被评为甘肃省秋色最美的地方之一。

景区线路：进入景区—金色田园—沙枣林观光休闲区—野生胡杨林—胡人牵驼—烽燧瞭望台—瀚海红柳区—金波湖—胡杨广场—芦苇湿地迷宫—沙漠康体理疗区—金沙嘉年华—沙漠挑战。

二、适用对象

全学段。

三、课程目标

（一）情感目标

感受大自然的美景，传承自强不息的民族奋斗精神，激发学生的爱国主义热情，感悟胡杨精神。

（二）知识目标

（1）认识胡杨的生长过程。

（2）了解沙漠胡杨所蕴含的人生价值和艺术价值。

（三）技能目标

掌握治沙的基本技能和方法。

四、课程内容

游览景区，了解胡杨所处的地理环境及胡杨的艺术价值和所蕴含的历史背景；通过绘画和摄影，深刻感受胡杨美景；通过治沙体验，认识环境保护的意义，感悟胡杨精神。

五、课程时间长度

1 天。

六、研学环境

金塔沙漠胡杨林景区。

七、课程准备

（一）学生准备

（1）了解胡杨所蕴含的人生哲理及所处环境。

（2）对胡杨生长有初步的了解。

（二）基地准备

（1）基地专业讲解员。

（2）准备画纸、画笔、颜料。

（3）一些简单易画的图片或参照物。

（4）治沙基本工具。

八、课程实施过程

（一）课程导入

研学导师：“通过学员手册，大家对胡杨有了一个初步的了解，我在这里有两个小问题要问一下大家。

问题 1：胡杨为什么会‘活着一千年不死，死后一千年不倒，倒下一千年不朽’？

问题 2：你们知道胡杨一般生长在哪里？”

（二）任务活动 1　胡杨精神的洗礼

当大漠的旷野中，一缕清凉的秋风掠过，胡杨林便悄然变化，由浓郁的绿逐渐蜕变为浅浅的黄，继而蜕变成一片灿烂的杏黄。登高俯瞰，这片金秋的海洋宛如画卷般展开，让人心生愉悦，忘却尘世的烦恼。

夕阳斜挂，天边一抹晚霞映衬着，胡杨林的金色逐渐转变为金红，最后融为一片深邃的褐红，缓缓融入那朦胧的夜色之中。一夜霜降，胡杨林仿佛被点燃，红得如同香山的枫叶，烈焰般燃烧。然而，在每棵高大的胡杨树冠上，仍有些许浅绿、淡黄的叶片点缀其间，错落有致，色彩交织，仿佛大自然的调色盘。

秋风轻拂，胡杨的金黄叶片纷纷扬扬地飘落，如同金色的雨，为大地铺上了一层华丽的地毯，既辉煌又庄重。漫步在这片胡杨林中，仿佛置身于一个神话般的仙境。这些胡杨千姿百态，神态各异，有的粗壮得需要数人合抱，有的挺拔入云，高达七八丈，形态奇特，仿佛苍龙腾飞，虬枝狂舞，令人叹为观止。

胡杨的树叶也独具风采，年轻的胡杨叶片狭长而细小，宛如少女的柳叶眉；而壮年的胡杨，叶片则变为卵形或三角形，宛如兴安岭的白桦；进入暮年的胡杨，叶片才最终定型为椭圆形。更神奇的是，同一棵胡杨树上，上下的叶片形态竟各不相同，令人叹为观止。

胡杨，这生命力顽强的树种，又称灰杨，是第三纪遗留的古老物种，经过沙漠化的洗礼，它成了一种独特的植物。胡杨林以其耐寒、耐热、耐碱、耐涝、耐干旱的特性，在风沙和干旱的洗礼下，塑造出了一幅幅奇特的画卷。每年九、十月间，当第一场秋霜降临，大片的胡杨林便由绿转黄，阳光下，金色的叶片与湛蓝的天空交相辉映，风中婆娑起舞，那鲜明的色彩与影调，足以让任何语言都显得苍白无力。

胡杨，不仅是中亚地区唯一适合生长的乔木，更是大自然漫长进化中留下的宝贵遗产。它那妩媚的风姿、倔强的性格、多舛的命运，无不激发着人们的诗情与哲思。它“活着一千年不死，死后一千年不倒，倒下一千年不朽”，这种坚韧不拔的精神和气节，更是被人们所深深敬仰。

站在胡杨林中，望着那些生前战斗到最后一刻，死后仍屹立不倒的枯杨，它们身上虽满是伤痕，却从未有一株低头屈服。这种凛然正气，士为知己者死的精神，令人肃然起敬，为之动容。（图 2–7）

图 2–7　沙漠胡杨

（三）任务活动 2　徒步沙林

研学导师边给同学讲解，边带领大家徒步行走在辽阔的胡杨林中，亲身见证着金塔人民治理沙漠所取得的丰功伟绩。每一步都承载着他们的辛勤付出与坚定信念，每一片胡杨都记录着沙漠变绿洲的传奇故事。

金色田园位于国营金塔潮湖林场三站，总占地面积 14 万平方米，花卉品种繁多，有马鞭草、薰衣草、鼠尾草、牡丹、芍药等。观赏期从五月一直持续至十月。漫步在美丽的花海，呼吸着带有芬芳的甜蜜空气，让人神清目醒，心花怒放。微风拂过，花浪翻滚，一整片的花田宛如深紫色的波浪层层叠叠地上下起伏着，花香四溢，甚是美丽。（图 2–8）

沙枣树是金塔县的乡土树种，生命力很强，有抗旱、抗风沙、耐盐碱、耐贫瘠等特点。万亩沙枣林形成了一定的规模。在与大自然恶劣气候的抗衡中，它阻挡风沙，守望生命，带给景区生机盎然的绿。在五月走进郁郁葱葱的沙枣林，一股清凉扑面而来，顿时会让人感到精神百倍。（图 2–9）

图 2–8　金色田园

图 2–9　万亩枣林

烽燧瞭望台是 2010 年仿照汉代烽燧用现代建筑材料建造的，高 15.8 米，占地面积 600 平方米。登高远眺，金秋的景色尽收眼底，令人心旷神怡，是观赏、拍摄万亩胡杨、瀚海红柳、田园风光、沙漠景观的第一制高点。（图 2–10）

图 2–10 烽燧瞭望台

红柳是高原上最普通、最常见的一种植物。沙丘下的红柳根扎得更深，触须伸得很长，最深、最长的可达三十多米，以汲取水分。红柳把被流沙掩埋的枝干变成根须，再从沙层的表面冒出来，长成一丛丛细枝，顽强地开出淡红色的小花。春天的红柳，火红色的老枝上，发出鹅黄的嫩芽，长出一片片绿叶。高寒的自然气候，使高原人很容易患风湿病，春天，红柳的嫩枝和绿叶是治疗这种顽症的良药，它能使人摆脱病痛，因此，藏族老百姓又亲切地称它为“观音柳”和“菩萨树”。（图 2–11）

图 2–11 沙漠红柳

生态造林"共享模式""蚂蚁森林"等项目是金塔县近年来掀起全社会参与植树造林高潮的品牌活动，效果卓然。金塔县委、县政府与团中央、全国学联、中国绿化基金会联合启动了"我在金塔有棵胡杨——共植胡杨·共享绿色"公益行动，倡议社会各界认种认领胡杨，先后有4000余名社会贤达人士和100多家社会爱心企业和单位捐资400多万元，建成主题纪念林30个，认种认养胡杨40000余棵。清华大学等6所高校在金塔县建立了"保护胡杨·绿色生态"大学生社会实践基地，中国绿化基金会在金塔县设立"全国胡杨公益保护基地"。"共植胡杨·共享绿色"公益行动得到了社会各界群众的充分肯定，全民参与国土绿化和义务植树活动的热情空前高涨，蔚然成风。(图2–12)

图2–12　生态造林

芦苇湿地迷宫区和沙漠胡杨一路相隔，东近金秋胡杨、南望祁连雪山、西赏长河落日、北观红柳花海、中邻沙漠神杨，是芦苇景区富有诗情画意的真实写照。(图2–13)

图 2–13　湿地迷宫

（四）任务活动 3　植树成林

1. 研学导师讲解

众人拾柴火焰高，人人植树树成林。金塔县坚持全县动员、全民动手、全社会共同参与的原则，深入推进大规模绿化行动，不断创新造林模式，为林业生态建设注入了发展活力。从 2017 年开始，他们开展了军民共建万亩“连心林”“融合林”“圆梦林”“奋进林”等治沙造林活动，军民携手每年共植胡杨 667 万平方米，既改善了县域生态环境，又筑牢了生态安全屏障。

2. 同学植树

同学们两人一组，栽下一棵纪念树。

（五）任务活动 4　治沙行动

同学们在导师的指导下，参与治沙行动。图 2–14 为草方格治沙。

图 2–14　草方格治沙

（六）任务活动 5　金秋“童画”——金波湖

1. 研学导师讲解

金波湖核心游览区（图 2–15），位于金塔沙漠胡杨林景区核心处，蓝天、白云、绿水、黄叶连在一起，勾勒出一幅“碧云天，黄叶地，秋色连波，波上寒烟翠”的美妙画卷，是观赏胡杨美景、摄影采风的首选之地。同学们进行绘画或摄影创作：绘出或拍出最美的胡杨秋景。

2. 同学绘画或摄影创作

每位同学可以根据自己的爱好进行绘画或者摄影创作。

图 2–15　金波荡漾

（七）任务活动 6　展示与分享

（1）在活动完成后，将大家的作品进行展示分享。

（2）绘画评比出 5 名优秀“小画家”和 5 名优秀“小摄影家”，颁发证书及奖品。

（3）选出 3~5 名同学，谈谈对这次活动的感受。

（八）任务活动 7 总结与拓展

1. 总结

“天上不飞鸟，地上不长草，地无百步平，风吹石子跑”，曾是 20 世纪金塔县的真实写照。越是恶劣的自然环境，金塔人民越是渴望绿色安宁的生活。改善生存环境，创造绿色家园，金塔人民与沙漠的较量从来没有停止。“绿水青山就是金山银山”。胡杨作为大漠最美丽的树，深受金塔县人民的喜爱。它坚韧不拔，生而不死一千年，死而不倒一千年，倒而不朽一千年，风骨凛凛挺立在风沙线上，在风霜雪雨中忠诚地守望家园。金塔县人民在难以想象的逆境中不退缩，不放弃，以胡杨般的精神不断开拓进取，在建设生态文明的征途中不断贡献着自己的力量。

2. 拓展

防沙与治沙的方法

在防沙、治沙方面，要坚持“因地制宜、因害设防、保护优先、综合治理”的原则，坚持宜乔则乔、宜灌则灌、宜草则草，采取以林草植被建设为主的综合措施，加强地表覆盖，减少尘源。具体措施有：强化封禁保护，实行“三禁”制度。切实汲取长期存在的边治理、边破坏的教训，杜绝滥垦、滥牧、滥采等破坏行为，遏制沙地沙化，保护沙区植被。采取植树种草措施，迅速恢复沙区林草植被。通过封山（沙）育林（草）、飞播造林、人工造林（种草）、小流域治理等措施，扩大林草植被面积。采取退耕还林（草）措施，遏制新的沙化形成。对粮食产量低而不稳、不适宜耕种的坡耕地、沙化耕地进行有计划的退耕还林还草。采取改进牧业方式、改善牧业结构、改良草场等措施，恢复和提高草原的生产能力和生态功能，实行禁牧舍饲，变放养为圈养，减轻植被破坏的压力。采取合理的水资源管理措施，通过节水灌溉和水源工程配套措施，促进生活、生产、生态用水的合理分配和协调利用，提高水资源的利用率。采取营造防护林措施，降低风速，减弱并阻挡风沙。通过营造草原灌木林网和农田林网，保护农田和草牧场免受风沙危害，促进粮食稳产高产。通过移民搬迁措施，有组织地把自然和生产条件恶劣地区的农牧民移居到条件相对较好的城镇周边，充分发挥生态系统自我修复功能，改善农牧民生产生活条件。

任务评价

自我评价：针对本篇任务的学习情况，进行自我评价，并填写下表。

学生姓名： 年级： 专业： 班级： 评价时间： 年 月 日

评价类型	评价内容	评价结果				
		10 分	8 分	6 分	4 分	2 分
习惯养成	态度积极，遵守纪律，自觉探究					
	独立自主，帮助他人，协作友爱					
情感养成	人文科学素养提升，求知求实，态度积极					
	团队意识、爱国意识、心理品质提高					
能力养成	按课程要求完成学习任务情况					
	学习能力与专业技能提升情况					
	综合运用知识解决问题、实践创新情况					
知识学习	人文、自然、社会知识学习情况					
	课外知识拓展及科学原理理解学习情况					
	书本知识在学习、生活中的应用了解情况					
自评得分						
需要提高改进的方面						

任务 2　天下雄关

任务导入

嘉峪关，一个集古丝路文化和长城文化为一体、融古今文明于一身的一座美丽的现代化城市，它像一颗璀璨的明珠镶嵌在茫茫戈壁。

中国长城东有山海关、中有镇北关、西有嘉峪关。嘉峪关关城是明代万里长城西端的起点，它以雄伟壮观著称于世，素有“天下第一雄关”之称。又因其据两山、扼咽喉，既是古代河西重要的军事防御建筑，又是东西往来的交通要道，所以还被称为“西襟锁钥”“河西第一隘口”。它是我国明长城中保留最完整、规模最大的古代军事用途的堡垒。

任务目标

☆**知识目标**

1. 深入了解和掌握嘉峪关区域内研学资源的类型、特色及分布；
2. 熟练掌握针对不同学段学生的研学课程设计原则和方法；
3. 全面掌握研学课程内容的多种类型。

☆**能力目标**

1. 具备深入分析研学资源特色的能力；
2. 能够熟练对研学课程内容进行分类，根据不同的教育目标和资源特点，合理划分课程内容类型，为研学课程的实施提供清晰的指导；
3. 针对不同学段设计研学课程内容的能力。

☆**素质目标**

1. 通过深入学习和了解嘉峪关区域内研学资源的类型、特色及分布，培养学生对研学旅行行业的专业素养和热情；
2. 针对不同学段学生的研学课程设计原则和方法，训练学生具备创新思维和实践能力。

任务学习

研学课程内容设计

1. 各学段应根据需要选择适宜的课程内容

（1）小学阶段以知识科普、自然观赏和励志拓展为主。

（2）初中阶段以知识科普、体验考察和励志拓展为主。

（3）高中阶段以体验考察和励志拓展为主。

2. 各学校应根据需要建立适宜的研学旅行活动课程体系

（1）小学阶段以乡土乡情为主。

（2）初中阶段以县情市情为主。

（3）高中阶段以省情国情为主。

3. 应符合的标准

各学段开展与健康教育有关的课程内容应符合《学生心理健康教育指南》（GB/T 29433—2012）、《中小学健康教育规范》（GB/T 18206—2011）的要求。

4. 课程内容可分为多种类型

（1）地理类。通过自然考察、实验、社会调查等形式，实地认知地理位置、地理要素与景观、地理标志、地理环境；了解当地地名与政区沿革的关系、区域特征及成因；践行人地协调观，培养地理审美等。

（2）自然类。依托自然保护区、风景名胜区、地质公园等，实地认知自然现象与景观、自然资源的价值；了解自然生态特征及成因、自然灾害的危害及成因；发现、欣赏当地自然现象的美学特色，提出促进自然生态建设的建议等。

（3）历史类。依托历史遗迹、博物馆、纪念馆等，认知历史遗迹年代、文物、非物质文化遗产；了解名人名事、历史聚落的文脉与文化价值、纪念场所体现的精神和价值观；践行、提升家国情怀，感受优良文化和革命传统，增加文化自信等。

（4）科技类。依托科技馆、科研机构、国家重大工程、高等院校、现代产业园区等，实地认知科技发展历程及区域特征、对社会的贡献；了解科技产品、重大建设项目中的科技运用；实践科技创新，感受科技力量，提升科学素养等。

（5）人文类。依托爱国主义基地、社会发展展馆、城乡聚落、民族聚居地等，实地认知当地的社会发展特征、城乡建设情况；了解人文特色及成因，体验当地生活，欣赏文化艺术表演；评价区域人文特征及发展前景，对当地社会发展和人居环境改善提出建议等。

（6）体验类。依托综合实践活动基地、劳动教育基地、团队拓展基地、国防教育基地等，参与体育运动、手工制作、劳动任务、军事训练与拓展、集体生活等，培养规则意识、集体荣誉、创新意识，提升刻苦拼搏意志、团队合作意识、竞争意识等。

讨论与交流

1. 研学旅行产品如何分类？

2. 怎样才能设计出令客户满意的研学旅行产品？

任务活动

1. 研学资源调查：根据下表的分类，对嘉峪关市的研学资源进行分类调查并进行分析。

目的地名称	嘉峪关市
地理类研学资源概况	
自然类研学资源概况	
历史类研学资源概况	
科技类研学资源概况	
人文类研学资源概况	
体验类研学资源概况	
最具研学价值和意义的资源类型	

2. 研学课程设计：选定以上调查中的一个资源类型和载体，依托该研学资源特色，完成下表中研学课程设计内容。

<table>
<tr><td colspan="2">资源载体（单位）</td><td></td></tr>
<tr><td colspan="2">课程名称</td><td></td></tr>
<tr><td colspan="2">适用对象（年龄学段）</td><td></td></tr>
<tr><td rowspan="3">课程目标</td><td>情感目标</td><td></td></tr>
<tr><td>能力目标</td><td></td></tr>
<tr><td>知识目标</td><td></td></tr>
<tr><td colspan="2">课程时间长度</td><td></td></tr>
<tr><td colspan="2">任务活动设计</td><td></td></tr>
</table>

3. 课程案例阅读：阅读课程设计案例 1，了解并熟悉研学课程设计的基本要素，指出该课程设计中存在的不足，并提出一些修改意见。

课程设计中存在的不足和问题	
课程设计修改意见	

课程设计案例 1：不到长城非好汉

一、课程载体

嘉峪关长城大景区。

图 2–16　嘉峪关关城

小资料

嘉峪关长城大景区

嘉峪关长城大景区是由嘉峪关关城（图 2–16）、万里长城第一墩和悬壁长城三部分组成的完整军事防御体系。嘉峪关关城是明代万里长城西端的起点，也是长城全线中规模最宏伟、保存最完整的关隘，自古被誉为河西第一隘口。万里长城第一墩是明代万里长城西段第一墩口，也是嘉峪关防御体系中的重要组成部分。悬壁长城是嘉峪关关城北向的延伸部分，悬壁长城屹立于山脊，沿山峰陡跌直下，形成长城倒挂、铁壁悬空之势，被誉为“西部的八达岭”。

二、适用对象

初、高中学生。

三、课程目标

（一）情感目标

感受“雄关漫道真如铁”的关隘，体会“一夫当关万夫莫开”的气势，培养同学们的爱国主义情怀。

（二）知识目标

（1）探索丝路文明，感知时代变化。

（2）了解体验长城文化，了解从古至今的所有关隘的历史渊源。

（三）技能目标

（1）培养学生团结、互助、自信、协作的团队精神。

（2）锻炼学生体能，培养实践能力。

四、课程内容

走进天下第一雄关，领略丝路文明。

五、课程时间长度

1 天。

六、研学环境

嘉峪关长城大景区。

七、课程准备

（一）学生准备

徒步装备（运动鞋、T 恤、太阳帽等）。

（二）基地准备

（1）出关仪式（服装租借）。

（2）徒步爬长城的安全教育。

（3）嘉峪关长城的地图（图 2-17）。

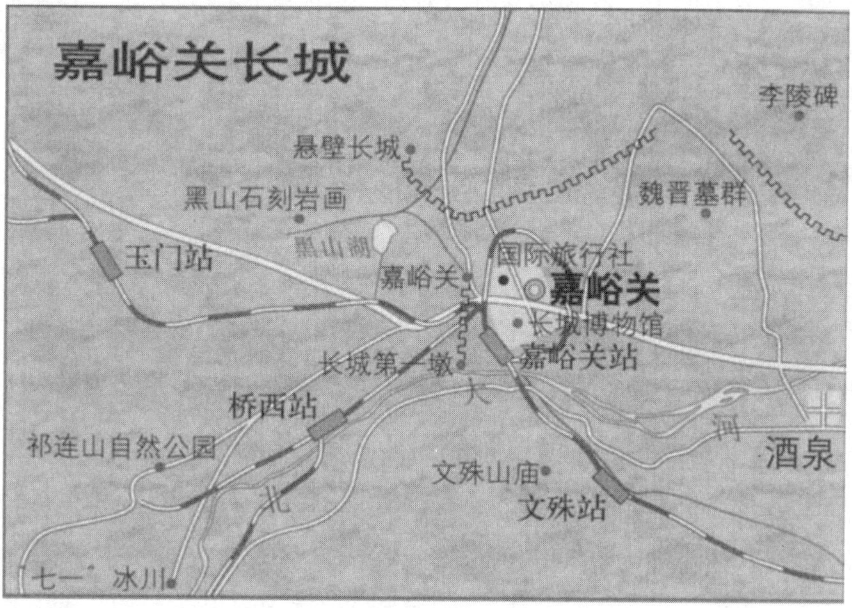

图 2-17　嘉峪关长城的地图

八、课程实施过程

（一）课程导入

研学导师：“嘉峪关关城是明代万里长城西端的起点，它以雄伟壮观著称于世，素有‘天下第一雄关’之称。又因其据两山、扼咽喉，既是古代河西重要的军事防御建筑，又是东西往来的交通要道，所以还被称为‘西襟锁钥’‘河西第一隘口’。通过学员手册，大家对嘉峪关关城有了一个初步的了解，我在这里有两个小问题问一下大家。

问题 1：嘉峪关与遥隔万里的哪一关遥相呼应？

问题 2：嘉峪关关城是由哪三部分组成的？”

（二）任务活动 1　走进嘉峪关关城

研学导师讲解嘉峪关关城

嘉峪关关城，这座屹立于历史长河中的雄伟建筑，见证了明王朝的辉煌与坚韧。公元 1368 年，朱明王朝建立，为了荡平元朝残余势力，洪武五年（公元 1372 年），征虏大将军冯胜率大军西征，于河西走廊大败元军。他选中了嘉峪山西麓的嘉峪塬，筑土城以镇守此地。历经 168 年的辛勤建设，嘉峪关终于建成，成为明代万里长城中保存最为完好的关隘。

清乾隆五十七年（公元 1792 年），守城官兵、城内居民以及过往商旅等共同娱乐的场所——戏台应运而生。其顶部绘有八卦图，两侧则是风情壁画，用砖砌成的对联“离合悲欢演往事，愚贤忠佞认当场”诉说着人生的百态。外檐下悬挂的“篆正乾坤”匾额，则彰显着戏台的文化底蕴。

关帝庙，作为关城内规模最大的庙宇建筑，其历史可追溯至关城内城，明末清初迁至现址。庙内原有大殿、陪殿等建筑，但时光流转，现仅存牌楼，它静静诉说着过去的辉煌。

内城与瓮城的布局严谨而对称。东瓮城的门额上刻着“朝宗”二字，表达着对朝廷的忠诚。此瓮城如同大瓮，守护着内城的城门，使敌人有进无出。西瓮城与之对应，门楣上刻着“会极”，寓意着朝廷对边陲少数民族的怀柔政策。两瓮城均南向开门，虽与内城墙相接，却不直通内城门，成为内城的坚固防线。

内城的东门——光化门，寓意旭日东升，华光普照。穿过光化门，便是关城的核心——内城。城墙高耸，全长 640 米，面积广阔，高达 9 米的城墙由黄土和土坯构筑而成，外侧则是青砖砌成的垛墙，垛口和瞭望孔相间分布。西城墙的垛口之间设有灯槽，供夜间士兵点灯之用，灯槽下则有射击孔。在内城中部的北墙下，有一座坐北向南的院落，这便是嘉峪关关城的军事指挥机关——游击将军府。它始建于明隆庆二年（公元 1568 年），是关城内的重要建筑。

光化门北侧的拐角墙，人称“燕鸣壁”。在此处以石相击，会发出“啾啾”或“叽叽”之声，仿佛归巢的燕子在私语。自建关以来，人们对此现象感到好奇，便有了“击石燕鸣”的传说。然而，真正的原因在于关城建筑的精巧设计，两面墙成 90° 夹角，声音在夹墙中回响，形成燕鸣之声。

登上城墙，便可看到光化楼与两墙上的柔远楼一线对称，形制统一。城墙四角还有方形角楼，是守城士兵的放哨之地。逾过角楼至南北墙之间，便是敌楼，用于存放兵器。从南城墙眺望，明墙与南外城相连，延伸至讨赖河墩；从北城墙北望，暗壁则向北伸展，经戈壁滩、石关峡堡直至黑山腰。西瓮城会极门楼后的一处檐台上，放置着一块砖，这便是传说中的“定城砖”。这块砖背后蕴藏着深厚的历史故事，见证了嘉峪关关城的沧桑岁月。

（三）任务活动2 历史重现——定城砖

1. 背景知识

传说，明正德元年（公元1506年），兵备副宪李端澄负责修建嘉峪关城楼，当地名匠易开占承包修建工程后，立即开始设计和备料。由于用料需从17千米外的黑山下运来，易开占对用料进行了详细的计算。负责监工的郝空为人心狠手辣，又想在工程中发笔横财，便想刁难易开占。他问易开占工程需多少块砖，易答道：“需九十九万九千九百九十九块”。郝空遂说：“好，如数给砖，由你指挥使用。要是剩一块或缺一块砖，定斩你不饶，并罚众工匠苦役三年”。易开占当即应允，并精心计算施工。工程完成后，正好只剩下一块砖，易开占遂将该砖置于西瓮城门楼的后檐台上。当校尉要将他定罪时，易开占说这块砖是专门制作的定城砖，如果将砖拿掉，全城顷刻就要倒塌。监工无可奈何，不久便被气死了。从此，这块砖就放在了檐台上，以示对劳苦功高的工匠们的纪念。当然这只是个传说。

2. 研学导师讲解

出柔远门、会极门，即到关城最西边的罗城。罗城是迎敌的正墙，外有底基厚25米、上阔5.3米、高10.5米的砖包城墙。基底以坚硬的麻子石石条砌筑，极为坚固。墙正中设正门，是古代进关的第一道正门，上嵌有乾隆皇帝所题“嘉峪关”三字。罗城南北两端各建一箭楼，与柔远楼、光化楼中轴对称。传说，当年建楼时因工匠难觅，又无法解决高空脚手架问题，工匠张季从孩童的堆沙游戏中得到启示，在城台上筑一高17米的巨型土堆，从顶端向下建筑城楼，因有“万丈高楼从顶起”的传说。楼内原供腊八神，上悬左宗棠于清同治十二年（公元1873年）题写的“天下第一雄关”匾额。

（四）任务活动3 拼图游戏（图2–18）

1. 游戏内容

（1）把大家分成七组，给每组分发嘉峪关关城、悬臂长城、长城第一墩三种拼图中的一种。

（2）拼图时间要求在30分钟以内，按用时长短排名。

（3）游戏结束后，给前3名颁发奖品。

2. 游戏规则

先拼出来的必须和原图一样，不一样的继续拼。通过拼图游戏让学生了解长城文化。拼图拼凑的不仅仅是一张照片，而是一个故事，一段回忆，一份辛苦。每一张单片都有它自己的位置，就像每段回忆都有它的故事，你要将它放在专属的地方。

图 2–18 拼图游戏

3. 游戏提示

在拼图的时候，可以与提供的照片进行对比，也可以找队友帮忙。

（五）任务活动 4 不到长城非好汉——爬长城

同学们乘车来到悬壁长城，进行爬长城比赛。

（1）选取一段长城开始比赛。

（2）每组抽两位组员参加比赛。

（3）为前 3 名同学颁发奖品。

（六）任务活动 5 边塞诗情

一起分享和吟诵关于长城的边塞诗词。同学们从下面列举的十首有关边塞诗中选取一首进行朗诵（图 2–19）。

（1）《出塞》【唐】王昌龄：秦时明月汉时关，万里长征人未还。但使龙城飞将在，不教胡马度阴山。

图 2-19　同学们在长城上朗诵诗歌

（2）《塞下曲·其一》【唐】王昌龄：蝉鸣空桑林，八月萧关道。出塞入塞寒，处处黄芦草。从来幽并客，皆共尘沙老。莫学游侠儿，矜夸紫骝好。

（3）《塞下曲·其二》【唐】王昌龄：饮马渡秋水，水寒风似刀。平沙日未没，黯黯见临洮。昔日长城战，咸言意气高。黄尘足今古，白骨乱蓬蒿。

（4）《凉州词二首·其一》【唐】王之涣：黄河远上白云间，一片孤城万仞山。羌笛何须怨杨柳，春风不度玉门关。

（5）《凉州词》【唐】王翰：葡萄美酒夜光杯，欲饮琵琶马上催。醉卧沙场君莫笑，古来征战几人回。

（6）《关山月》【唐】李白：明月出天山，苍茫云海间。长风几万里，吹度玉门关。汉下白登道，胡窥青海湾。由来征战地，不见有人还。戍客望边色，思归多苦颜。高楼当此夜，叹息未应闲。

（7）《从军行七首·其四》【唐】王昌龄：青海长云暗雪山，孤城遥望玉门关。黄沙百战穿金甲，不破楼兰终不还！

（8）《塞上听吹笛》【唐】高适：雪净胡天牧马还，月明羌笛戍楼间。借问梅花何处落，风吹一夜满关山。

（9）《渔家傲·秋思》【宋】范仲淹：塞下秋来风景异，衡阳雁去无留意。四面边声连角起。千嶂里，长烟落日孤城闭。浊酒一杯家万里，燕然未勒归无计。羌管悠悠霜满地。人不寐，将军白发征夫泪。

（10）《使至塞上》【唐】王维：单车欲问边，属国过居延。征蓬出汉塞，归雁入胡天。大漠孤烟直，长河落日圆。萧关逢候骑，都护在燕然。

（七）任务活动 6　总结与拓展

1. 总结

不到长城非好汉，屈指行程两万，六盘山上高峰，红旗漫卷西方，今日长缨在手，何时缚住苍龙。在漫长的历史长河中，巍巍的万里长城，保护了中华民族，可歌可泣的英雄儿女，用鲜血维护了祖国的安定，也维护了长城的尊严。落后就要挨打，长城抗战的悲壮画面历历在目。作为新世纪的学生，我们肩负着祖国的未来，承载着中华民族伟大复兴的梦想。万里长城永不倒，让我们以长城为荣，以长城为鉴，时刻保持忧患意识。在追逐中国梦的道路上，我们需携手同行，与时俱进，众志成城，自强不息，共同为将我国建设成为世界强国而贡献自己的力量。

2. 拓展

万里长城第一墩

明代，嘉峪关管辖着“腹里、沿边、境外墩台三十九座”。关内墩台林立，纵横交织，相互瞭望，互通情报。长城第一墩，是关南最主要的一座墩台，担负着传递关南及祁连山诸口军事信息的任务。设有坞、驿马、驿驼、食宿、积薪等物，配备有一定数量的守兵。长城第一墩景区，自然景致壮观，东临酒泉，西连荒漠，北依嘉峪，南望祁连，讨赖河水滔滔东去。极目南眺，山峰终年洁白，衬映着蓝色天空，更觉清新如画。正所谓“余收远岫和云湿，风度疏林带舞飘”。景区面积约 3.22 平方千米，包括长城第一墩、讨赖河滑索、讨赖客栈、天险吊桥、“醉卧沙场”雕塑群、“中华龙林”等景观。（图 2–20）

图 2-20　万里长城第一墩

3. **课程设计优化与实施**

（1）阅读课程设计案例 1；

（2）对该课程活动设计进行优化改进；

（3）进行课程模拟实施；

（4）填写课程实施主要活动内容表并进行小结。

课程名称	
课程活动主要内容	
课程实施小结	

课程设计案例 2：最早的邮差

一、课程载体

果园——新城魏晋墓群。图 2–21 为珍藏在甘肃省博物馆的一块魏晋墓砖。

图 2–21　嘉峪关新城魏晋墓砖“驿使图”

小资料

果园——嘉峪关魏晋墓群

“果园——新城魏晋墓群”，是国务院 2001 年公布的全国第五批重点文物保护单位。嘉峪关魏晋砖壁画墓是“果园——新城魏晋墓群”的一部分，位于嘉峪关市区东约 18 千米的新城镇。在近 13 平方千米的地域内分布着魏晋时期的古墓葬 1000 余座，素有“地下画廊”之称。在 1972—1979 年期间，先后发掘了 18 座墓葬，其中 9 座为画像砖墓，9 座为素砖墓。其中，五号墓于 1973 年 5 月整体搬迁到甘肃省博物馆。目前，正式对外开放 2 座。新城墓葬建筑形制独特，墓葬由墓道、墓门、门楼、前室、中室、后室、甬道、耳室、壁龛等组成。建筑用砖分为印纹方形砖、长方形砖、雕刻砖、画像砖等。墓门用条形砖叠砌为拱券形，券顶以上采用条形砖叠造门楼，门楼墙面嵌砌有斗拱、人物、兽首等造型的雕刻砖。墓葬共出土760余幅砖画，形式多为一砖一画、半砖一画或几块砖组成的连环画。这些砖壁画色彩鲜艳，风格独特，画技巧妙，砖壁画内容取材于当时的现实生活，有反映农耕、养殖、采桑、宴居、出行、军事操练、狩猎等内容，是研究魏晋时期西北地区的政治、经济、文化、军事、民族、民俗及气候等的实物资料。其中，绘画方面的内容在美术领域填补了我国魏晋时期绘画史上的空白。

墓中有一幅彩绘驿使图，客观真实地记录了当时这一地区的邮驿情形。画面上，一手持信物、跃马疾驰的信使，也许是军情紧急，也许是信息重要，也许是怕路远天黑，驿骑四蹄腾空，飞速向前。由于速度太快，以至于连马尾也飘了起来，信使则稳坐马背，使得整幅画面动中有静，反衬了驿马速度的快捷与信使业务的熟练，这种真实而又写意、生动传神的手法，对历代绘画艺术产生了深远的影响。这幅画也是中国早期邮驿历史真实而又形象的记录，对于中国邮政历史的研究，具有重大的认识意义和学术研究价值。1982年，为纪念中华全国集邮联合会成立暨第一次代表大会的召开，邮电部将其命名为《驿使图》，发行纪念邮票，以见证中国邮政悠久的历史与辉煌历程。（图2–22）

图2–22　驿使图

二、适用对象

初中以上学生。

三、课程目标

（一）情感目标

（1）通过深入探索嘉峪关魏晋墓，激发学生对古代文明的兴趣和好奇心，增强他们对中华优秀传统文化的认同感和自豪感。

（2）通过学习了解古代信使的艰辛与付出，培养学生对古代邮差职业的尊重，理解其在信息传递中的重要作用。

（二）知识目标

（1）了解魏晋时期砖壁画的风格、技法及主题内容，分析其在历史和艺术上的价值。

（2）了解魏晋时期的社会制度、经济发展、文化艺术等方面的知识，形成对这一时期历史文化的全面认识。

（3）学生将认识到丝绸之路在古代中外交流中的重要作用，了解丝路文明对东西方文化交流的贡献和影响，理解信使文化在古代社会中的意义和价值。

（三）技能目标

（1）学生将通过实地观察，提高对历史文化遗迹的观察和分析能力。

（2）通过小组讨论、报告展示等形式，锻炼学生的口头表达和书面表达能力。

四、课程内容

通过嘉峪关魏晋墓的研学，了解魏晋墓砖壁画的特色，学习悠久的丝路文明和灿烂的信使文化。

五、课程时间长度

半天。

六、研学环境

嘉峪关新城魏晋壁画砖墓。

七、课程准备

（一）学习准备

（1）同学们参与活动的热情。

（2）了解邮差的历史和演变过程。

八、课程实施过程

（一）课程导入

研学导师："通过实地参观，大家对嘉峪关有了一个初步的了解，我在这里有两个小问题问一下大家。

问题 1：为什么《驿使图》会出现在嘉峪关魏晋墓群中？

问题 2：最早的邮差出现在哪个朝代？"

（二）任务活动 1　参观魏晋墓群

1. 研学导师讲解

新城魏晋砖墓壁画，分别画在墓门上的照墙、前室和中室的四壁、后室的石壁上。照墙上彩绘和雕刻着象征天门的阙门、镇墓兵卒和仙灵异兽。后室画墓主人随用的服饰、佩物、套盒及丝帛等物品。壁画大多以一块砖面为一幅画面，少量壁画较大。壁画用大量篇幅表现各种生产活动。牧民有汉族，也有少数民族，各墓壁画都有狩猎画面。墓主人出行图的场面都比较大，有的彩绘是大幅壁画，有的用一排多块砖面组成长卷式画面。此外，还有宴饮、伎乐、庖厨、家畜等。壁画显示出从汉画向晋画风格的演变过程，由装饰画向独立的卷轴画发展的趋势。一般用土红色起稿，然后用墨线勾出轮廓，再用赭石、红色等填入，效果热烈明快。中、晚期设色方法更为多样，除勾填法外，还用勾勒法、原色多样配置法、晕染法等。线描技巧有很大提高，酣畅淋漓，奔腾飞动，艺术风格豪放雄健。

2. 学生参观

学生近距离观看国家宝藏之《驿使图》。

3. 讨论

你知道"邮差"还有哪些叫法？在过去，邮递员是怎样送信的呢？大家可以进行开放的、广泛的讨论。

4. 研学导师总结

世界上最早的邮递员被称为信使或邮差。19 世纪初还没有发明邮票，也没有设置邮筒，当时的邮递员是上街收集信件的。他们头戴礼帽，身穿鲜艳的红色外衣，摇动手中金光闪闪的小铜铃，人们一听到清脆的铃声，便拿着信件和邮资从四方八面赶来交给邮递员。在 1863 年以前，大多数邮递员并不把信送到收信人手中，而是由收信人自己去邮局领取。免费送信到家是从 1863 年 7 月 1 日开始的。在各国邮政开办之初，邮递员都是步行送信的。邮递员的交通工具，用得最多的应该是自行车。在我国，据记载，大约在 1906 年，北京城内的邮局使用了自行车，但骑自行车的并不是邮递员，而是检查投递及开筒情况的稽查员。到 1909 年，北京城才开始有邮递员骑上自行车。之后，上海、天津、武汉、南京等城市的邮递员也陆续配置了自行车。但至民国时期，骑自行车投递的邮递员还是少数。

（三）任务活动 2　聆听讲座

图 2–23 为学生聆听讲座的场景。

图 2–23　学生聆听讲座

（四）任务活动 3　展示与分享

学生互相交流分享参观心得体会。

（五）任务活动 4　总结与拓展

1. 总结

在古代，驿站在广阔的疆域上，传递着急切的军令和温暖的家书；今天，一个个基站组成的通信网络，让我们的距离变得更近，让世界变得更大。从见字如面到触手可及，中国通信人用敢于突破常规的魄力和艰苦卓绝的奋斗，切实地改变着我们每一个中国人的生活。从 2G 的初步探索，到 3G 时代的初步应用觉醒，再到 4G 时代我国在全球通信领域的领先位置，中国通信行业的发展速度令人瞩目。而今，5G 技术正如火如荼地推进，标志着万物智联的新时代已经拉开序幕。中国不仅在 5G 技术研发上取得了举世瞩目的成就，还积极参与并主导了多项国际标准的制定，展现了强大的技术实力与国际影响力。随着技术的不断迭代升级，数字世界的边界正以前所未有的速度拓展。6G乃至更未来通信技术的研究与探索也已悄然展开，预示着更加广阔的数字空间与无限可能。正如业内专家所言："对历史最好的致敬，是不断书写新的辉煌篇章。"在这个日新月异的时代，我们不仅是历史的见证者，更是积极投身于技术变革洪流中的创造者。每一次技术的飞跃，都是对未来生活美好愿景的追求与实现，我们正携手共创一个更加智能、便捷、互联的世界。

2. 拓展

中国历史邮差的演变

明清时期，中国商品经济社会发展迅速，许多人离乡背井去外地外乡甚至去国外经商谋事，需要和家人联系或生意沟通，于是出现了一个新的行业——专为需要两地和数地传信、带物品的"信客""信夫"。到了清朝，还出现了信局，相当于今日的邮局。信局雇佣专门人员来送递信件、物品，但是，这个时候还没有出现"邮差"一词。1865年，上海公共租界工部局设立了"上海工部局书信馆"，这里的"书"指信件，这是中国第一个正式的邮政机构，至此，才有了邮差一词，因为书局里有邮务员、邮务佐、邮差等分工人员。加上这个"差"，有"差遣""差事""差使""公差"等意，在邮局里干活送信的工作人员也就被称为"邮差"了。新中国成立之后，有人认为"邮差"一词含贬义，改为"邮递员"之称了。

"鸿雁传书"的故事，见《汉书·苏武传》。汉朝时，苏武出使匈奴，被单于流放北海去放羊。10年后，汉朝与匈奴和亲，但单于仍不让苏武回汉。与苏武一起出使匈奴的常惠，把苏武的情况密告汉使，并设计让汉使对单于讲：汉朝皇帝打猎时射得一雁，雁足上绑有书信，叙说苏武在某个沼泽地带牧羊。单于听后，只有让苏武回汉。后来，人们就用鸿雁比喻书信和传递书信的人。

任务评价

自我评价：针对本篇任务的学习情况进行自我评价，并填写下表。

学生姓名：　　　　年级：　　　　专业：　　　　班级：　　　　评价时间：　　　　年　　月　　日

评价类型	评价内容	评价结果				
		10分	8分	6分	4分	2分
习惯养成	态度积极，遵守纪律，自觉探究					
	独立自主，帮助他人，协作友爱					
情感养成	人文科学素养提升，求知求实，态度积极					
	团队意识、爱国意识、心理品质提高					
能力养成	按课程要求完成学习任务情况					
	学习能力与专业技能提升情况					
	综合运用知识解决问题、实践创新情况					
知识学习	人文、自然、社会知识学习情况					
	课外知识拓展及科学原理理解学习情况					
	书本知识在生产、生活中的应用了解情况					
自评得分						
需要提高改进的方面						

任务3　玉石之路

任务导入

玉门地处甘肃省的西北部，古丝绸之路要道，东临嘉峪关，西毗敦煌，为甘肃河西走廊交通之门户，是我国中原通往新疆、青海、蒙古、中亚、欧洲的必经之路，素有“塞垣咽喉、表里藩维”之称。

玉门，一块历史悠久的神奇之地，是中华民族早期的人类居住地和文明发祥地。自商、西周时期，我国的玉器由原始社会的石器时代进入了以和田玉为主体的时期，自此，开拓出了一条最早的和田玉运输线——“玉石之路”。

玉门是我国现代石油工业的摇篮、“铁人”王进喜的故乡。“铁人精神”，成为我国社会主义核心价值体系建设的宝贵财富，被后世人敬仰和学习。

任务目标

☆**知识目标**

1. 深入理解玉门市研学资源的类型、分布及其特色；
2. 系统掌握研学活动的评价标准与具体评价维度；
3. 熟练掌握研学活动手册的编写要求。

☆**能力目标**

1. 能够针对不同类型的研学资源提出有效的调查方案并撰写分析报告；
2. 能够根据学生的年龄、兴趣、学习需求等设计合理的研学课程，并有效实施；
3. 能够结合研学活动的实际情况，制定科学的评价方法和编写实用的活动手册。

☆**素质目标**

1. 培养学生的专业素养与职业道德，使其具备敬业严谨的工作作风，注重研学活动的每一个细节，确保活动的顺利进行；
2. 培养学生的团队合作精神与沟通能力，使其在研学活动的策划、实施、评价等各个环节中能够与他人有效合作，共同完成任务。

任务学习

一、课程安排与实施

（1）应根据教育教学计划灵活安排研学旅行时间，一般安排在小学四到六年级、初中一到二年级、高中一到二年级，宜错开高峰期。

（2）每次研学旅行时长，一般小学阶段为1~3天、初中阶段为2~5天、高中阶段为3~7天。

（3）目的地的选择，应遵循安全性、教育性、便捷性的原则，小学生以省内为主、初中生以省内和周边省份为主、高中生以境内为主。

（4）应根据课程目标和课程内容，并基于学生特点和需求，选择相应的课程实施模式、方法、场景和研学线路。

二、研学活动评价

（1）应根据研学课程目标，对学生学习过程和结果进行全面评价，宜采取测验、问卷、访谈、报告、论文、档案袋评价、日常观察即时评价、成果展示评价等方式，从学生自评、同学互评、导师评价、家长评价等多主体视角进行评价。

（2）在研学旅行活动过程中和结束后，应及时通过现场展示、书面总结、多媒体等形式对学生的学习情况进行展示与交流。

（3）对学生研学情况的评价应具有方向性和指导性，并遵循客观性和公正性等原则。

（4）应建立研学旅行活动课程评价档案，并归入学生综合素质评价档案。

（5）应做好研学旅行活动课程写实记录，为学生的学习评价提供依据。

（6）应具备明确的评价指导说明，引导不同评价主体实施评价。

三、研学活动手册

（1）活动手册可分为教学指导用书和学生研学手册，应包括适用对象、课程主题、课程目标、研学线路、课程任务、研学方式、方法和工具、学习成果和评估，以及注意事项和应急措施等。

（2）活动手册应能指导师生在研学旅行活动中的所有行为，包括师生互动行为、学生小组合作研习行为、多学科教师协同指导行为等。

（3）活动手册应涵盖研学旅行活动全过程，包括行前准备、行中研学和行后评价。

（4）活动手册可以分学段、分主题编制，也可以综合性编制；综合性活动手册应明确不同学段、不同主题的研学旅行活动课程指导内容。

讨论与交流

1. 小学、初中、高中不同学段的研学旅行产品分别具有哪些特点？

2. 在研学实施过程中，住宿服务和管理中哪些问题的安全隐患最多？

____

____

任务活动

1. 研学资源调查：根据下表分类，对玉门市的研学资源进行分类调查并进行分析。

目的地名称	玉门市
地理类研学资源概况	
自然类研学资源概况	
历史类研学资源概况	
科技类研学资源概况	
人文类研学资源概况	
体验类研学资源概况	
最具研学价值和意义的资源类型	

2. 研学课程设计：选定以上调查中的一个资源类型和载体，依托该研学资源特色，完成下表中研学课程设计内容。

资源载体（单位）		
课程名称		
适用对象（年龄学段）		
课程目标	情感目标	
	能力目标	
	知识目标	
课程时间长度		
任务活动设计		

3. 课程案例阅读：阅读课程设计案例 1，了解并熟悉研学课程设计的基本要素，指出该课程设计中存在的不足，并提出一些修改意见。

课程设计中存在的不足和问题	
课程设计修改意见	

课程设计案例 1：追寻“铁人”足迹·传承“铁人”精神

一、课程载体

玉门铁人纪念馆、693 人防工程，铁人铜像如图 2-24 所示。

图 2-24　玉门铁人纪念馆中铁人铜像

小资料

“三大四出”和“铁人的五种精神”

具有“中国巴库”之称的玉门油田作业区，分布在平均海拔2600多米的祁连山麓。高寒缺氧，工作和生活条件十分艰苦，几代石油人在这里留下了艰苦创业的足迹，积累了宝贵的精神财富。当中美两军在朝鲜战场上搏杀正酣之时，朱德司令不无焦虑地对毛泽东主席诉说：“如果有500万吨钢铁、500万吨石油，我们就能打败任何侵略者。如果没有石油，飞机、坦克、大炮，还不如一根打狗棍。”在“一滴油一滴血”的战争年代，油田生产的油品有力支援了抗日战争和解放战争。

从20世纪60年代起，玉门油田担负起了“三大四出”（大学校、大试验田、大研究所，出产品、出经验、出人才、出技术）的历史重任，先后会战大庆，南下四川，跑步上长庆，二进柴达木，三战吐鲁番，向全国各油田和炼化企业输送骨干力量10万多人、各类设备4000多台（套），被誉为“中国石油工业的摇篮”。

玉门风格口碑载道，优良传统薪火相传。七十多年来，玉门油田不仅为国家建设提供了大量的石油资源，创造了物质财富，而且孕育、积淀、形成了以艰苦奋斗为核心、“三大四出”为特征、无私奉献为精髓、自强不息为实质的玉门优良传统和精神。其中的“一厘钱”“穷搗鼓”“找米下锅”“小厂办大事”“再生厂”这五种精神，成为铁人精神、玉门精神的重要来源。“铁人精神”是同“雷锋精神”“焦裕禄精神”一脉相承的宝贵财富，激励着一代代的中华儿女奋勇向前。

玉门693人防工程

玉门油田是新中国第一个油矿，是中国石油工业的摇篮。20世纪六七十年代，面对美苏帝国主义的战争威胁，为保障国家石油资源和人民生命财产安全，全民动员、全面备战，修筑起了面积10余万平方米、纵横东西、贯穿南北的油城地下人防工程。通过市区内两条地下主干道和125条支道，把9个联防区和80多个企业、单位相互连通，建成平地下挖的连片地道网，深浅两层结合的靠山开洞、平战两用的生产车间和物资仓库等多种类型的干道工事，形成了一个市区与外围结合、山上山下结合、地面地下打防结合的工事体系。修筑了能容下200张床位的地下医院、贮存上千吨日用百货和百万吨粮食的仓库，可用于办公室、教室、掩蔽室、物资储备的偏洞1020个、食堂35个、水池35个、厕所50多个。从一开始动土到后期的反复装修加固，这项浩大的工程持续了近10年时间。很多人从学校就开始挖地道，招工后在单位再继续挖地道。各个单位的地道指挥中心都加固得很结实。当时，除了在市区挖防空洞外，还在郊区妖魔山挖了不少库房，囤积战备粮。

二、适用对象

全学段。

三、课程目标

（一）情感目标

学习“铁人”精神，感受榜样魅力；增强国防意识，传承红色基因，接受一场红色文化洗礼。

（二）知识目标

（1）了解铁人精神的内涵。

（2）了解 693 人防工程发展史。

（三）技能目标

（1）熟悉“铁人”的英雄故事。

（2）分享“你眼中的铁人故事”。

四、课程内容

追寻“铁人”足迹，缅怀英模伟绩；了解 693 人防工程，增强国防意识，感受红色玉门的人文魅力。

五、课程时间长度

半天。

六、研学环境

“铁人”王进喜干部学院（提供石油工人工作服、安全头盔）。

七、课程准备

（一）学生准备

（1）了解人防工程，收集“铁人”王进喜的名言。

（2）背会少先队员（共青团员、共产党员）宣誓词。

（二）基地准备

石油工人工作服、安全头盔、A3 纸、A4 纸、笔、油画棒、少先队队旗（团旗、党旗）。

八、课程实施过程

（一）课程导入

研学导师："玉门油田承载着新中国石油工业的光辉历史，这里不仅诞生了众多艰难创业的闪光足迹，更孕育了无数感人至深的铁人故事。其中，郭孟和作为王进喜的师傅和新中国第一位石油工人中的劳动模范，被亲切地誉为祁连山下的'冬青树'——象征着坚韧不拔的精神。'铁人'王进喜，在玉门油田工作的十年间，以其卓越的毅力和智慧，创造了多项石油钻井行业的第一，他的事迹激励着每一位石油工人。特别是'王进喜全天滚'24 小时吃住在井场的故事，成为人们心中不朽的传奇。采油厂退休工人、共产党员马武林，在七年的时间里，他回收了落地原油 9600 多吨，被誉为'祁连山下一口井'，他用自己的实际行动诠释了什么是责任和奉献。而在蔺存儒、李江河等共产党员和青年工人的带领下，50 多人'肩背钢丝绳修井'，他们的身影成了玉门油田一道独特的风景线，他们的故事成了石油工人团结协作、攻坚克难的生动写照。那么，我要问同学们两个小问题。

问题 1：'铁人精神'可以概括为五种精神，是哪五种呢？

问题 2：玉门油田担负起了'三大四出'的历史重任，指的是什么？"

（二）任务活动 1　传承红色基因，重温队旗（党旗）下的宣誓

1. 重温誓言

（1）少先队员宣誓内容。

我是中国少年先锋队队员。我在队旗下宣誓：我热爱中国共产党，热爱祖国，热爱人民，好好学习，好好锻炼，准备着：为共产主义事业贡献力量。——宣誓人：× × ×

（2）共青团员宣誓内容。

我志愿加入中国共产主义青年团，坚决拥护中国共产党的领导，遵守团的章程，执行团的决议，履行团员义务，严守团的纪律，勤奋学习，积极工作，吃苦在前，享受在后，为共产主义事业而奋斗。——宣誓人：× × ×

2. 献花篮

学生代表向"铁人"王进喜铜像敬献花篮。

（三）任务活动 2　了解“铁人”生平，学习“铁人”精神

1. 搜集王进喜语录

研学导师把大家分成小组，各小组分别搜集铁人王进喜的名言。大家收集到的王进喜语录如下。

（1）北风是电扇，大雪当炒面，天南海北来会战，誓夺头号大油田。干！干！干！

（2）有条件要上，没有条件、创造条件也要上。

（3）宁肯少活 20 年，拼命也要拿下大油田。

（4）我们不能一有成绩，就像皮球一样，别人拍不得，轻轻一拍，就跳得老高。成绩越大，越要谦虚谨慎。

（5）井无压力不出油，人无压力轻飘飘。

（6）石油工人一声吼，地球也要抖三抖。石油工人干劲大，天大的困难也不怕。

（7）这困难、那困难，国家缺油是最大的困难；这矛盾、那矛盾，国家没油是最大的矛盾。

（8）干工作要经得起子孙万代检查，要为油田负责一辈子。

2. 参观铁人纪念馆

同学们在讲解员的带领下参观铁人纪念馆（图 2–25）。

图 2–25　参观铁人纪念馆

（四）任务活动 3　体验地下 60 米的 693 人防工程，增强国防观念

1. 讲解员讲解

玉门 693 人防工程经过部分加固维修，基本保持了原貌。人民防空是国之大事，是国家战略，是长期战略。为实现“两个一百年”奋斗目标，将人民防空铸就成新时代坚不可摧的和平之盾和护民之盾，砥砺奋进。下面让我们换上石油工人工作服，戴好安全帽，讲解员将带领大家走进玉门人防工程，去看一看先辈们在没有机械设备的情况下完成了一项多么伟大的壮举。

2. 参观

同学们参观 693 人防工程（图 2–26），与此同时，讲解员要进行安全提示。

图 2–26　玉门 693 人防工程

（五）任务活动 4　缅怀石油先烈，弘扬爱国精神

（1）前往参观“老一井”（图 2–27），齐颂“一井碑记”，感受先辈们艰苦创业的精神。

（2）听研学导师讲解“一井碑记”的背景。

玉门油田有着光荣的爱国主义传统。早在抗日战争期间，玉门油田就用多产油、产好油的方式，有力地为国家的建设提供着能源支持。

老君庙和老一井坐落在玉门市区南端，最早建于清同治二年，因抗日战争期间在此

发现和开发当时国内最大的油田而闻名全国，并在第二次世界大战的烽火中享誉全球。

1937 年 8 月，国民政府资源委员会派石油地质专家孙健初等前往祁连山一带进行石油勘察，在干油泉和石油河一带发现了油苗，遂于 1938 年组建了甘肃省油矿筹备处，有严爽、孙健初、靳锡庚等二十余名技术人员前往甘肃玉门工作。1939 年，著名石油地质学家孙健初，在现在的玉门市南玉门东镇的一条深沟里，一个名为老君庙的地方，开凿成中国第一口油井——老君庙一号井，使玉门一夜之间名闻中外，这块深居西北的蛮荒之地由此热闹起来。

图 2–27 玉门老一井

（六）任务活动 5 展示与分享

（1）在玉门 693 人防工程外举办“缅怀铁人精神·坚定理想信念”主题分享会，请 3~5 名同学谈谈“铁人故事中最能感动你的是什么？”

（2）故事分享：“谈谈你身边的铁人故事”。

（七）任务活动 6 总结与拓展

1. 总结

“铁人精神”是王进喜崇高思想、优秀品德的高度概括，也集中体现了我国石油工人的精神风貌。浩大的人防工程完全靠人工挖出也着实不容易，向修建防空洞的战士和人民致敬。通过今天的研学，同学们接受了“红色教育”的洗礼，也让其明白了“铁人精神”无论在过去、现在还是将来都有着不朽的价值和永恒的生命力。

2. 拓展

中国现代石油工业的母亲河

据史料记载："玉门市石脂水在县东南90千米处，泉有苔，如肥肉，燃极明。水上有黑脂，人以草墨取用，涂鸱夷西囊及膏东。"又据《西北视察记》载："赤金堡南面九十里，祁连山北麓有河焉，盛产石油，天然涌现于地面，先是清同治年间，堡民入山采金，往来过之，遂被发现，试燃以火，烈焰熊熊，因名其地曰石油泉，并名其河曰石油河。"也就是说，至少在清代，这条河已经被称为石油河。祁连山中有金矿，沙金随雪水流入石油河中，吸引了众多人来此淘金。民国时期，就有当地淘金人在石油河淘金。当年，淘金人住的窑洞至今还保留在石油河畔西岸的山崖上，像一双双眼睛凝视着石油河的变迁。由于早期的地壳运动，地表裂开几十米天堑，祁连山积雪溶化，雪水常年不息地顺着河谷奔流。陡峭的山崖，奔腾的河水，构成了石油河独特的景致。石油河东面的山叫东山，西面的山叫西山。在摄影家眼中，它是浓缩版的"东非大裂谷"；在玉门人眼中，它是石油人的家园。水量小的时候，蹚过河水到对面的西山爬山，是玉门石油娃童年最美好的记忆。石油河在玉门石油人口中叫西河坝。凡有石油处，就有玉门人；凡是玉门人，都知西河坝。西河坝，那是一个融合了多少乡音、乡情、乡味的称呼，那是一个伴随着几代玉门石油人成长的地方，那是一个永远镌刻在玉门石油人心灵深处的印记。（图2–28）

1937年，抗战爆发，"洋油"断绝，"一滴汽油一滴血"。问苍茫大地，油在哪里？胸怀石油报国梦想的孙健初们，踏遍祖国的山山水水，最终将目光投向了甘肃玉门。石油河有石油，玉门有石油。在民族危亡之际，在国家急需石油之时，石油河像一盏明灯点亮了石油先辈的报国梦。在这里，他们开始了玉门油田早期的地质调查和石油勘测，最终发现了老君庙油田，开创了中国现代石油工业。在这里，他们把石油源源不断地运送到抗日前线，为抗战胜利作出了特殊贡献，实现了他们的实业救国梦。

石油河，是中国现代石油工业的母亲河，也是发展壮大石油工业的生命河。随着老君庙油田开发的不断深入，地层能量亏空，油井停喷转抽。为了补充地层能量，中国石油工业第一个注水方案在此诞生。1954年6月，为解决老君庙油田注水开发所需清洁水源的问题，时任玉门矿务局局长的杨拯民带领工程技术人员，沿石油河河床调查水源情况，最终找到了位于石油河中下游的豆腐台水源。经化验，豆腐台水源水质清洁，不需要处理即可注入油层，是最适合注水和饮用的清洁水源，玉门油矿随即对豆腐台水源进行扩建。至今，此处仍是玉门市工业用水和生活用水的主要来源，养育着一方油田一方人。

图 2-28　玉门老君庙石油河峡谷

3. 课程设计优化与实施

（1）阅读课程设计案例 1；

（2）对该课程活动设计进行优化改进；

（3）进行课程模拟实施；

（4）填写课程实施主要活动内容表，并进行课程实施小结。

课程名称	
课程活动主要内容	
课程实施小结	

课程设计案例 2：探秘魔山奇景

一、课程载体

玉门魔山国家地质公园，如图 2–29 所示。

图 2–29　玉门魔山国家地质公园

小资料

玉门丹霞地貌

玉门市境内有红柳峡、五华山、清泉三处丹霞地貌群，并拥有大量罕见的彩色丘陵和壮美的丹霞地貌，交相映衬，景色奇特，成为玉门市最独特的自然景观群。

红柳峡丹霞地貌长约 4 千米，宽约 1 千米，发育典型、类型齐全、造型丰富、色彩绚烂。绵延 2 千米的红色山群“色如渥丹，灿若明霞”，远看红霞尽染，近看则七彩斑斓。几步之间，山势由舒缓猛然变为陡峭，中间从红到黄、从灰到白、从紫到蓝生出数种色彩，层层叠叠，相互交织，似彩缎般此起彼伏绵延到白雪皑皑的祁连山腹地。

五华山的宫殿式、廊柱形丹霞地貌呈南北走向，全长约 10 千米，犹如古典式柱廊和宫殿，壮观美丽，举世罕见，堪称鬼斧神工，是我国干旱地区最典型的丹霞地貌，具有很高的科考价值和观赏价值。

清泉丹霞地貌是至今发现的酒泉境内最为集中、最为壮观、最为奇特的丹霞地貌群。该地貌以其面积大、集中、层理交错、气势磅礴、造型奇特、色彩斑斓而称奇，有红色、黄色、白色、蓝色，色调有顺山势起伏的波浪状，也有从山顶斜插山根的，犹如斜铺的彩条布，在阳光的照射下，像披上了一层红色的轻纱，熠熠泛光，色彩艳丽，让人惊叹。

二、适用对象

初、高中学生。

三、课程目标

（一）情感目标

（1）领略大自然的鬼斧神工，激发学生热爱家乡、热爱大自然的情感。

（2）拓宽学生视野，减轻他们在学习生活中的身心压力，放松心情。

（二）知识目标

（1）了解魔山的地貌特色、地理环境、自然资源。

（2）了解玉门丹霞的规模。

（三）技能目标

（1）培养学生独立思考、合作探究、解决问题的能力。

（2）培养学生团结、互助、自信、协作的团队精神。

（3）培养学生保护环境的意识。

四、课程内容

在魔山徒步，体验大自然的鬼斧神工。

五、课程时间长度

半天。

六、研学环境

魔山国家地质公园研学营地。

七、课程准备

（一）学生准备

（1）徒步装备（运动鞋、T恤、太阳帽等）。

（2）培养学生的动手操作能力、与人合作能力、探究精神。

（二）基地准备

（1）彩旗、旗杆、彩笔、矿泉水、剪刀、白纸。

（2）环保垃圾袋、小奖品、号牌。

（3）魔山徒步地图。

八、课程实施过程

（一）课程导入

研学导师："据资料显示，在2004年，玉门魔山地质公园才被石油物探的工作者发现。在这里，大自然的鬼斧神工造就了形态各异、色彩斑斓的丹霞地貌（图2–30），孕育了裸露出地面的晚中生代硅化木，沉淀了诸多造型奇特的地质奇观，在微风的吹拂下苍凉而又不失美丽。在这里我会问同学们两个小问题。

问题1：玉门魔山公园丹霞地貌是怎么形成的？

问题2：玉门魔山公园丹霞地貌有多大规模？"

图2–30 玉门魔山国家地质公园七彩丹霞

（二）任务活动1　魔山徒步

1. 研学导师介绍魔山地质公园

玉门魔山地质公园位于玉门新市区东南约50千米的赤金镇，北起雅丹地貌，南至祁连雪山，东至赤金镇，西至西红柳峡；东西长约33千米，南北宽约20千米；大范围丹霞地貌群，主要包括红柳峡东西两片丹霞地貌、省级硅化木地质公园、火山遗迹、七彩波浪谷、天根（图2–31）、狮子山、西红柳峡峡谷、雅丹地貌、红柳峡石窟等。

图2–31　玉门魔山国家地质公园的天根（大地之根）

2. 制作队旗和队徽

研学导师发给队员彩旗、彩笔等工具，要求每组队员制作一面属于自己小组的队旗以及一个队徽，并总结一句徒步口号。（研学团队人数众多，不易管理，推荐分组管理）。

3. 发放物资

（1）发放徒步地图，讲解地图的使用方法。

（2）发放环保袋，讲解环保注意事项，制定小组《研学徒步文明公约》。

（3）发放号牌，讲解徒步注意事项。

①一定要按照自己的速度行进：不要逞强猛走，这样会过度消耗体力，结果是欲速则不达。

②不要只顾低头走路，而错过了周围的风景。

③尽量不要携带贵重物品，钱包、手机等装入背包中。

④下山（坡）一定不要跑，不要跳，速度要慢，要小心。正确的下山方法是：重心偏后并稍降低，前脚站好再把重心移过去，永远要有一只脚支撑在地面上。

⑤上山（坡）时，调整好自己的呼吸，尽量不说话，深呼吸，多吸气，调整好自己的脚步。

⑥不能在行走过程中嬉闹、推拉，在行走过程中尽量不要拍照。

4. 行前加油

各小组分别展示本组的队徽、队旗，喊出本队口号，一起宣读《研学徒步文明公约》。

5. 开始徒步

研学导师、教练、工作人员陪同学员一起徒步，并解决徒步途中的问题。

6. 徒步结束

工作人员记录名次，对前 3 名的徒步小组进行奖励。

（三）任务活动 2　寻找大自然的鬼斧神工

研学导师：“同学们，今天我们的徒步活动到此就结束了，魔山地质公园非常大，还有火山口、天根、硅化木等景观，那儿还非常远，我们步行是去不了，接下来我们要乘车前往。在参观的时候我给大家布置两个小任务，第一个任务是，每个同学把我们参观时候看到的美景，用手机或者相机拍下来，活动结束后，我们一起评比出几张最美的照片；第二个任务是，采集沙生植物（图 2–32、图 2–33），制作沙生植物标本。

地球是我们的母亲，她给了我们生命和生存的空间，但有的时候也会发威，那就是自然灾害，最常见的自然灾害都有哪些呢？（启发同学们讨论）是的，我们常见的自然灾害有：地震、火山爆发、海啸、泥石流、山体滑坡等。今天，我们就去一探究竟。首先，让我们一起来寻找魔山上的火山口。这里的火山口是国内保存最完好的陆相火山景观，在西北地区具有唯一性。波浪谷景观在全国已知范围内仅此一处，纹路清晰，气势磅礴，属于极品级的旅游资源。

硅化木群在约 2 平方千米的范围内，集中裸露着 119 棵松柏类硅化木化石，树根硅化保存完整，年轮纹理清晰可辨，是一亿四千万年前的原始森林形成的地质地理遗迹，属于晚中生代硅化木化石群。”（图 2–34）

图 2–32　玉门魔山国家地质公园的沙生植物 1

图 2–33　玉门魔山国家地质公园的沙生植物 2

图 2–34　玉门魔山国家地质公园的硅化木化石

（四）任务活动 3　探秘魔山

研学导师讲解魔山（丹霞）形成的原因，魔山（丹霞）形成的原因如图 2–35 所示。

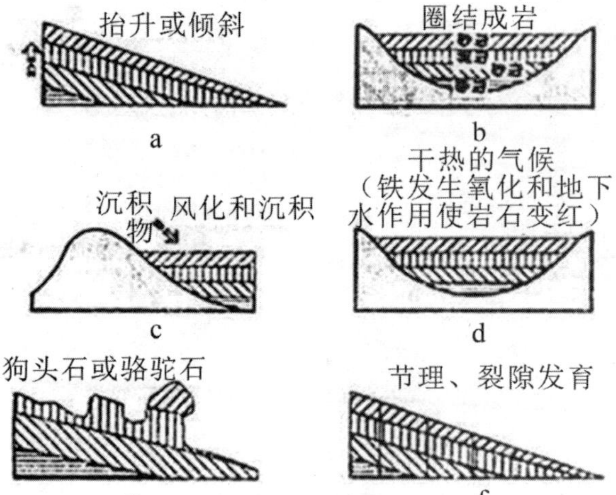

图 2–35　丹霞石柱形成过程示意图

1. 物质基础

在众多丹霞地貌中可以发现，其物质载体为红层。红层比较复杂，有不同沉积盆地、不同的沉积环境、不同的岩相，其岩性差别较大。但红层基本是由陆源碎屑组成，岩性为角砾岩、砾岩、砂砾岩、砂岩、泥岩、化学沉积岩、生物碎屑岩等，但以砾岩、砂砾岩、砂岩为主。岩石的碎屑物成分一般与碎屑物来源地的关系较大。红色盆地周边多为物质来源地。砾石的成分尤为明显。

红层中的红色主要是岩石中高价铁的含量较高造成的。红层形成的古地理环境是决定沉积物颜色的外在条件之一。在地质时期，红层沉积发生在古热带和亚热带的盆地中，在干旱和半干旱的氧化环境下沉积。红层中的物质在搬运和沉积的过程中，它们之间出现了颜色的差异，以铁质胶结的红层，颜色呈现鲜红的色调。若以钙质或硅质为主要胶结物的红色地层，则颜色较浅。

2. 流水作用

流水作用在丹霞地貌演化中起重要作用。流水侵蚀可以分为物理的冲蚀（下切和侧蚀）、化学的溶蚀作用等。流水的侵蚀掏空坡脚的物质，加快重力崩塌作用的进程。流水对红层中可溶性成分进行溶蚀，促进水动力侵蚀和风化作用的进行。

3. 风化作用

风化作用对暴露的红层岩石进行改造活动，各种风化作用表现得十分清楚。由于岩性的差异而导致的抗风化能力的不同，使丹霞地貌陡崖上的微观景观产生差异，砂岩和砾岩呈现为正地貌，表现为凸起的岩脊；泥岩和粉砂岩呈现为负地貌，表现为顺层凹槽或岩洞。丹霞地貌中普遍发育片状剥落和重力崩塌，与周期性的温度变化有关。据推测5~10年，剥落一层。

4. 重力作用

重力作用往往发生在流水下切和侧蚀而形成的临空谷坡上，但流水侧蚀掏空坡脚，悬空的岩体便可能在重力的作用下，沿构造薄弱面（节理面、原生构造面）发生崩塌。悬空的岩体便可能产生卸荷节理，上覆岩体失去平衡沿垂直的构造面加速崩塌。重力作用是丹霞地貌发育过程中的重要因素之一，丹霞地貌坡面发育与重力作用有着密切的关系。陡崖坡崩塌的岩块堆积在坡脚，形成麓缓的特征。

（五）任务活动4　展示与分享

1. 最佳摄影师

同学们一起分享拍摄的魔山鬼斧神工的照片，评选出3~5名“最佳摄影师”，颁发荣誉证书和小礼品。

2. **最美植物标本**

同学们将自己制作的植物标本拿出来集中做展示，评选出“最美植物标本”，颁发荣誉证书和小礼品。

（六）任务活动 5　总结与拓展

1. **总结**

魔山地质公园中的红柳峡峡谷景观，位于西红柳峡主泄洪道上游河段。因河道上游是分布着丹霞地貌、硅化木和古生物化石群的高大山体，遇到倾盆大雨或冰雪融化时，部分水流从此河道一泻而下，形成了西红柳峡峡谷。峡谷群山环抱、壁立千仞、层层叠加、造型奇特、怪石嶙峋，是观光旅游、徒步穿越、探险猎奇、影视拍摄、汽摩越野等旅游项目的重要资源。

2. **拓展**

丹霞地貌

丹霞地貌即以陆相为主（可能包含非陆相夹层）的红层（不限制红层年代）发育的具有陡崖坡的地貌。目前，该定义被大多数学者们接受，也可表述为“以陡崖坡为特征的红层地貌”。

丹霞的名称起源

1928 年，获美国哥伦比亚大学地质学硕士学位的矿床学家冯景兰，在我国广东省韶关市仁化县丹霞山注意到了分布广泛的第三纪（6500 万年—165 万年前）红色砂砾岩层。在丹霞山地区，厚达 300~500 米的岩层被流水、风力等风化侵蚀，形成了堡垒状的山峰和峰丛以及千姿百态的奇石、石桥和石洞。冯景兰意识到这是一种独特的地貌景观，并把形成丹霞地貌的红色砂砾岩层命名为丹霞层。而“丹霞”一词源自曹丕的《芙蓉池作诗》，“丹霞夹明月，华星出云间”，指天上的彩霞。1939 年，构造地质学家陈国达把这种红色岩层上发育的地貌称为“丹霞地形”，并把这种地形作为判断丹霞地层的标志。

任务评价

自我评价：针对本篇任务的学习情况，进行自我评价，并填写下表。

学生姓名：　　　年级：　　　专业：　　　班级：　　　评价时间：　　年　　月　　日

评价类型	评价内容	评价结果				
		10分	8分	6分	4分	2分
习惯养成	态度积极，遵守纪律，自觉探究					
	独立自主，帮助他人，协作友爱					
情感养成	人文科学素养提升，求知求实，态度积极					
	团队意识、爱国意识、心理品质提高					
能力养成	按课程要求完成学习任务情况					
	学习能力与专业技能提升情况					
	综合运用知识解决问题、实践创新情况					
知识学习	人文、自然、社会知识学习情况					
	课外知识拓展及科学原理理解学习情况					
	书本知识在学习、生活中的应用了解情况					
自评得分						
需要提高改进的方面						

任务4 红色足迹

任务导入

瓜州地处河西走廊西端，是“一带一路”重要节点城市，也是红西路军最后一战发生地。在瓜州县，有一座巍峨的纪念塔耸立在县城南郊，它就是中国工农红军西路军最后一战纪念塔。1937年，900多名红西路军将士历经爬冰卧雪、冻饿磨难走出祁连山，在安西（今瓜州）开展半个多月的浴血奋战，留下了红西路军将士强攻安西城、突围王家屯、激战白墩子、血战红柳园，以及艰难挺进新疆，实现红西路军西征最后一次成功突围等永不磨灭的红色印记，谱写了红军将士英勇不屈、矢志不移的英雄壮歌。红西路军蘑菇台子军事会议，是红西路军西征过程中的一次重要会议。红西路军在极其艰苦的环境中，在极端困难的环境下，以气壮山河的大无畏精神，与数倍于己的敌军浴血奋战，在瓜州留下了一段可歌可泣的英勇事迹。

聆听革命事迹，铭记红色使命；瞻仰革命遗迹，传承红色基因。让红色基因深植血脉，让红色精神焕发力量！

任务目标

☆**知识目标**

1. 能够详细分析瓜州县红色研学资源的不同类别及其核心内涵；
2. 系统掌握研学课程实施的人员组织与管理要求；
3. 全面了解研学课程实施中的安全规范与操作要求。

☆**能力目标**

1. 提高研学资源调查与分析的实践能力；
2. 增强研学课程策划与实施的综合能力；
3. 强化安全管理与风险防范的实际操作能力。

☆**素质目标**

1. 深刻领悟红色文化的历史价值与现代意义，培养强烈的红色文化传承意识，能够主动将红色文化融入研学课程，传承红色基因；

2. 在研学课程的设计与实施过程中，学生将不断探索新的教学方法和手段，勇于创新，形成独特的研学教学风格，进而提升研学课程的质量和效果。

任务学习

在研学课程实施过程中的相关要求

一、人员要求

（1）研学旅行活动实施过程中的师生比，应按照小学 1:10，初中 1:15，高中 1:20 配置。

（2）每个研学旅行团队，应至少配置一名安全员，负责随团的安全教育和防控工作。

（3）每个研学旅行团队，应配备一名具有执业资格的医生或一名有急救资质的救护员随队。

（4）所有工作人员在研学旅行活动中，应统一着装，佩戴工作牌。

二、实施要求

（1）研学旅行活动应具备系统的教学计划，并严格执行。

（2）活动过程中应对学生进行分组，保证每位学生有相对应的责任和任务。

（3）应对当天活动情况及时总结，指导学生填写研学手册。

（4）应根据课程计划，配备相应的设施设备。如电脑、多媒体、各类体验设施等。

（5）交通、住宿、餐饮安排应符合《研学旅行服务规范》（LB/T 054—2016）中的要求。

三、安全要求

（1）应制定完备的安全管理制度。包括：研学旅行安全预案、研学旅行安全教育培训制度、研学旅行活动安全风险评估制度、研学旅行活动安全事故处理制度等。

（2）活动承办方和供应方均应根据接待规模、场地情况，设置相应数量的安保人员。

（3）应定期对相关工作人员进行安全教育和培训，提高其安全防患意识和安保能力。

（4）应加强对学生的安全教育和培训。

（5）研学旅行活动场所应设置相关的安全宣传牌和日常安全常识标语。

四、医疗和保险要求

（1）随队医疗人员应能提供生理和心理指导、基础诊疗、紧急救护等专业的医疗服务。

（2）在研学旅行过程中应随队配备含非处方外用药品的医药箱。

（3）应提前调研和掌握研学活动场所及周边的医疗救助资源。

（4）如有学生生病或受伤，应及时送往医院救治，妥善保管就诊医疗记录。

（5）应为参加研学旅行活动的师生购买意外伤害险，学校必须投保校方责任险，活动承办方和提供方应购买第三方责任险。

讨论与交流

1. 在研学课程实施前，需要对学生进行哪些方面的安全教育？

2. 研学活动承办方需要及时进行哪些方面的服务改进？

任务活动

1. 研学资源调查：根据下表分类，对瓜州县的研学资源进行分类调查并进行分析。

目的地名称	瓜州县
地理类研学资源概况	
自然类研学资源概况	
历史类研学资源概况	
科技类研学资源概况	
人文类研学资源概况	
体验类研学资源概况	
最具研学价值和意义的资源类型	

2. 研学课程设计：选定以上调查中的一个资源类型和载体，依托该研学资源特色，完成下表中研学课程设计内容。

资源载体（单位）		
课程名称		
适用对象（年龄学段）		
课程目标	情感目标	
	能力目标	
	知识目标	
课程时间长度		
任务活动设计		

3. 课程案例阅读：阅读课程设计案例 1，了解并熟悉研学课程设计的基本要素，指出该课程设计中存在的不足，并提出一些修改意见。

课程设计中存在的不足和问题	
课程设计修改意见	

课程设计案例 1：追寻长征足迹·传承红色基因

一、课程载体

红西路军安西战役纪念馆，如图 2-36 所示。

图 2-36 红西路军安西战役纪念馆

小资料

红西路军安西战役纪念馆

瓜州（原安西）县，是红西路军与国民党马步芳部队进行最后一场殊死拼战、召开的西征最后一次会议、并进行最后一次成功突围的地方。这里留下了中国工农红军西路军决策蘑菇台、攻打安西城、突围王家屯、激战白墩子、浴血红柳园等革命遗址，凝结了西路军将士理想信念不动摇、战斗意志不涣散、奋斗精神不懈怠、强敌面前不畏惧的革命英雄主义精神。

为传承红色基因，大力弘扬西路军革命精神，2013 年，瓜州县委、县政府积极申报并获得甘肃省委宣传部审核批准、投资 4000 万元建设红西路军安西战役纪念馆。纪念馆辖西路军最后一战纪念园、蘑菇台会议旧址陈列室、红柳园红军烈士陵园，总占地面积约 14 万平方千米，总建筑面积 5900 平方米。由纪念塔、李卓然陵园、纪念展馆和纪念广场组成的纪念馆主展馆于 2016 年 7 月 1 日对外免费开放，重点展陈 1937 年 3 月 14 日西路军石窝山（今肃南县）分兵游击、4 月 24 日—26 日安西（2006 年复名瓜州）最后一战，最终 400 余名将士成功突围到达新疆学习新兵种技术等艰苦卓绝的历程。

二、适用对象

小学及以上年级的学生。

三、课程目标

（一）情感目标

增强国防意识，传承红色基因，弘扬长征精神。

（二）知识目标

（1）了解中国革命发展史的历史意义。

（2）了解长征精神的内涵。

（二）技能目标

（1）熟悉英雄李卓然的故事。

（2）培养学生吃苦耐劳的品质。

四、课程内容

了解革命精神，增强国防意识，感受红色之旅的魅力；追寻英雄足迹，缅怀英模伟绩。

五、课程时间长度

半天。

六、研学环境

红西路军安西战役纪念馆（主体展馆、纪念塔、纪念广场）。

七、课程准备

（一）学生准备

了解革命精神，收集革命英雄的名言名句。

（二）基地准备

准备白色胸花，共青团团旗，糖果，便利贴，宣纸等。

八、课程实施过程

（一）课程导入

研学导师："习近平总书记在视察张掖高台县中国工农红军西路军战役纪念馆时提出：'红西路军不畏艰险、浴血奋战的英雄主义气概，为党为人民英勇献身的精神，同长征精神一脉相承，是中国共产党人红色基因和中华民族宝贵精神财富的重要组成部分。我们要讲好党的故事，讲好红军的故事，讲好西路军的故事，把红色基因传承好。'下面我要给同学们提两个小问题。

问题1：革命精神可以概括为四种精神，是哪四种呢？

问题2：红西路军纪念馆主要点明了四个艰难历程，是指什么呢？"

（二）任务活动1　坚定理想信念

（1）重温入团誓词。（图2–37）

（2）抒发青年呼声，朗诵《少年中国说》。

少年中国说

梁启超

天地苍苍，乾坤茫茫，中华少年，顶天立地当自强。
少年中国者，则中国少年之责任也。
故今日之责任，不在他人，而全在我少年。
少年智则国智，少年富则国富；

少年强则国强，少年独立则国独立；
少年自由则国自由，少年进步则国进步；
少年胜于欧洲则国胜于欧洲，少年雄于地球则国雄于地球。
红日初升，其道大光。河出伏流，一泻汪洋。
潜龙腾渊，鳞爪飞扬。乳虎啸谷，百兽震惶。
鹰隼试翼，风尘翕张。奇花初胎，矞矞皇皇。
干将发硎，有作其芒。天戴其苍，地履其黄。
纵有千古，横有八荒。前途似海，来日方长。
美哉！我少年中国，与天不老！
壮哉！我中国少年，与国无疆！
美哉！我少年中国，与天不老！
壮哉！我中国少年，与国无疆！

图 2–37　重温入团誓词

（三）任务活动 2　追寻英雄足迹

参观红西路军安西战役纪念馆主展馆，搜集英雄名言，学习西路军英烈事迹，瞻仰革命先烈丰功伟绩。了解工农红军西路军英勇西征、血沃祁连，在极端艰难的情况下，同国民党军队殊死搏斗，用生命筑起了顶天立地的精神丰碑，为人民留下了光辉的红色记忆，感受红西路军精神，传承红色基因。（图 2–38）

图 2–38　参观纪念馆

（四）任务活动 3　缅怀革命先烈

向烈士纪念塔进献花篮，见图 2–39、图 2–40。

图 2–39　红西路军最后一战纪念塔

图 2–40　李卓然墓

（五）任务活动 4　展示分享

分享活动心得体会，合影留念，颁发研学证书。

（六）任务活动 5　总结与拓展

1. 总结

通过本次研学，同学们对西征历史和西路军革命精神有了进一步认识，更加坚定了作为一名新时代青少年的使命和责任，练就过硬本领，锤炼品德修为，继承革命传统，开启自信成功的人生新旅程。

2. 拓展

安西战役

1937 年 4 月 16 日，由李先念、程世才率领的红西路军左支队经过多月的艰难行军，终于从安西县（现瓜州县）东南之石包城（今属肃北）走出祁连山，当时全队仅剩 850 余人。为了解决部队给养问题，左支队决定攻打安西县城。4 月 24 日傍晚，部队向安西城行进。半夜开始攻城，战斗一打响，就遭到敌人驻安西部队刘呈德团炮火的猛烈还击，我军这才发觉敌增援部队已据守安西城。为了避免部队遭受更大损失，李先念和程世才交换意见后，命令部队立即撤出战斗，向城西郊转移。25 日拂晓，敌军以少部兵力守卫安西城，大部分兵力出击，将驻守五营村、王家围子的红军包围。红军紧闭寨门固守，敌人多次发动强攻，搭云梯爬寨墙，用山炮和迫击炮向庄院围寨轰击，均被红军击退。天黑后，红军迅速向四工方向撤离。在攻打安西县城的战斗中，200余名红西路军左支队指战员英勇牺牲。4月26日凌晨，左支队经过一夜急行军，到达距安西县西湖乡城北村西北约34千米处的白墩子，马步芳的步骑兵又接踵而至。左支队撤到白墩子外围，依托自然形成的沙岭，构成简易工事，对敌人展开阻击。然后利用击退敌军的间隙，迅速向西北方向转移。红军且战且走，黄昏时退守至白墩子25千米的红柳园。

敌骑兵又从左右两翼展开攻击，红军指战员以大刀、长矛、枪刺与敌人肉搏拼杀，边打边走，激战3个多小时，虽毙伤敌官兵60余人，但自身伤亡200余人。安西战斗是红西路军在河西的最后一场血战，红9军代政委曾日三、红30军原89师参谋长刘雄武、政治部副主任陈智才、263团政治处主任钟立彬、265团政治处主任鲁嘉焱、267团政治处主任江求浩等指挥员英勇牺牲。当晚，红军指战员趁天黑分散突围，向戈壁深处转移。月底，左支队余部400多人到达甘新边界的星星峡，与迎接他们的中共中央代表陈云、滕代远会合，5月4日转赴迪化（今乌鲁木齐），结束了悲壮的西征，为中国革命保存了一批精英。

1937年4月，红西路军左支队途径安西时，当地的老百姓郭元亨、向玉婷等人曾帮助过红军指战员。安西战役后，流落红军在当地群众庞德祥、庞忠义父子、张淑珍母女、温居元等人的掩护和营救下，躲过敌人的搜捕，隐蔽了下来，部分同志被护送进疆，其余同志继续留下坚持斗争。

3. 课程设计优化与实施

（1）阅读课程设计案例1；

（2）对该课程活动设计进行优化改进；

（3）进行课程模拟实施；

（4）填写课程实施主要活动内容表，并进行课程实施小结。

课程名称	
课程活动主要内容	
课程实施小结	

课程设计案例 2：草圣故里 · 张芝公园

一、课程载体

张芝公园，见图 2–41。

图 2–41　张芝公园

小资料

张芝公园

草圣故里文化产业园，俗称张芝公园，它位于甘肃省酒泉市瓜州县。瓜州是“草圣”张芝的故乡，为纪念张芝，弘扬书法文化，瓜州县耗资数亿元，倾力打造张芝公园。张芝公园以中国书法发展、演变、传承、创新为背景，以山水、园林、殿堂、雕塑、碑刻为载体，集中展现草圣张芝的艺术精髓。

张芝公园内主要建有张芝纪念馆、文字广场、玄奘博物馆、书法石林、索靖纪念馆、书法长廊、文房四宝一条街、汉阙广场、张芝艺术培训中心等。优美的生态景观，厚重的文化积淀，鲜明的人文特色，带给游览者文化艺术、娱乐休闲的多重感受。

二、适用对象

全学段。

三、课程目标

（一）情感目标

（1）深入了解张芝及其书法的历史地位，激发学生对中国传统文化的热爱和自豪感。

（2）通过实地参观、互动体验等方式，激发学生学习书法的兴趣。

（3）引导学生欣赏书法的艺术美，提升他们的审美能力和艺术鉴赏力。

（二）知识目标

（1）了解张芝的生平事迹、艺术成就及其在书法史上的地位。

（2）了解书法的起源、发展、流派及基本技法，对书法有初步的认识。

（3）了解书法与中国传统文化、历史、哲学等方面的联系，拓宽知识视野。

（三）技能目标

（1）学习并掌握书法的基本笔法、结构和布局等技法，能够初步书写简单的书法作品。

（2）学习如何鉴赏书法作品，包括字体、结构、布局、用笔等方面的分析。

四、课程内容

让同学们对书法有初步的认识，激发同学们对书法的爱好和兴趣。

五、课程时间长度

半天。

六、研学环境

张芝公园。

七、课程准备

（一）学生准备

了解书法的几种字体、文字发展史及名人著作。

（二）基地准备

记号笔、纸张、颜料。

八、课程实施过程

（一）课程导入

研学导师：“张芝擅长草书中的章草，将古代当时字字区别、笔画分离的草法，改为上下牵连富于变化的新写法，富有独创性，在当时影响很大。北京大学教授、引碑入草开创者李志敏评价：‘张芝创造了草书问世以来的第一座高峰，精熟神妙，兼善章今’。书迹今无墨迹传世，仅北宋《淳化阁帖》中收有他的《八月帖》等刻帖。张芝与钟繇、王羲之和王献之并称‘书中四贤’。接下来我会问大家两个问题。

问题1：张芝是哪种字体的代表?

问题2：书中四贤分别是谁?（张芝，钟繇，王羲之，王献之）”

（二）任务活动1　趣味抢答

（1）天下第一、第二行书分别是由谁所作?

《兰亭集序》王羲之,《祭侄文稿》颜真卿。

（2）书中四贤是哪几位？

张芝，钟繇，王羲之，王献之。

（3）张芝生源地是哪里?

酒泉瓜州人。

（4）最早的文字是?

甲骨文。

（5）楷书四大家是指谁?

欧阳修，颜真卿，柳公权，赵孟頫。

（6）文字发展史。

甲骨文、金文、篆书、隶书、草书、楷书、行书。

（7）天下草书第一人是谁?

怀素。

（8）我国现存最早传世书法墨迹是什么?

《平复帖》。

（9）瘦金体是谁所创造的?

宋徽宗赵佶。

（10）楷书鼻祖是谁?

钟繇。

（三）任务活动 2　草书辨识

观看草圣张芝的《冠军帖》（图 2–42），让同学们看图识字，辨识字数最多的前三名可以获得小礼物。（图 2–43）

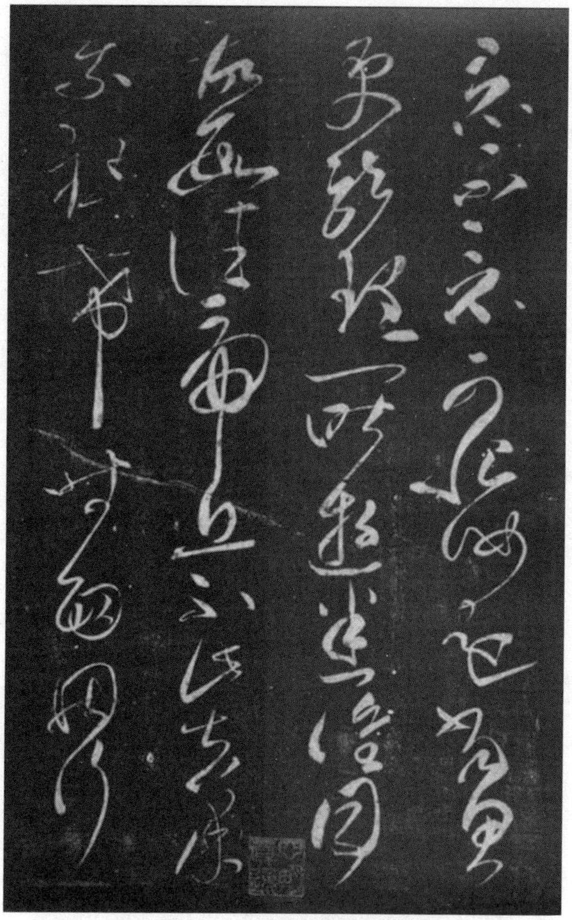

图 2–42　张芝《冠军帖》

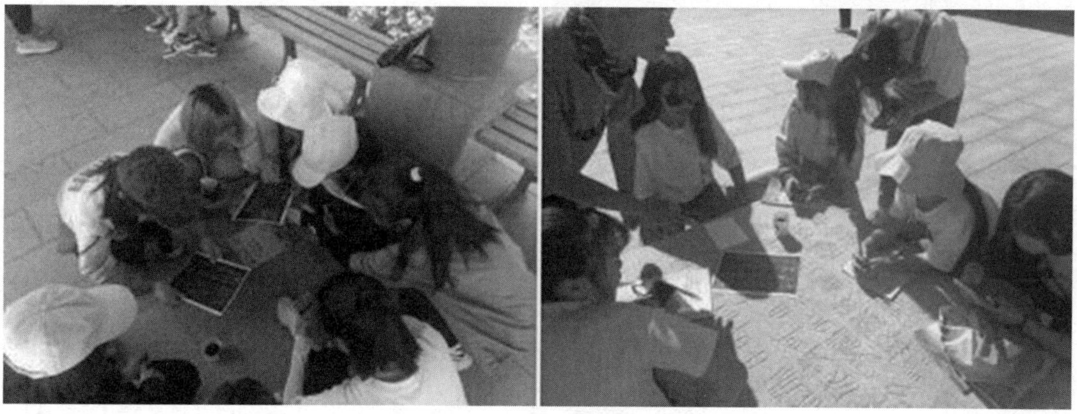

图 2–43　辨识草书

（四）任务活动3　研习书法·传承国粹

（1）参观张芝纪念馆，了解中国书法发展、演变，感受“草圣”张芝的艺术精神。

（2）临摹展馆内名家书法作品。

（五）任务活动4　签字留名

参观结束后，准备纸张、笔和颜料，在宣纸上让同学们拓上自己的手印，并签上自己的艺术名字，最后集体合影留念。（图2–44）

（六）任务活动5　展示分享

分享活动心得体会，合影留念，颁发研学证书。

（七）任务活动6　总结与拓展

1. 总结

书法植根于中国传统文化土壤，传统文化是书法赖以生存、发展的背景。我们今天能够看到的汉代以来的书法理论，具有自己的系统性、完整性与条理性。与其他文艺理论一样，书法理论既包括书法本身的技法理论，又包含其美学理论，而在这些理论中又无不闪耀着中国古代文人的智慧光芒。

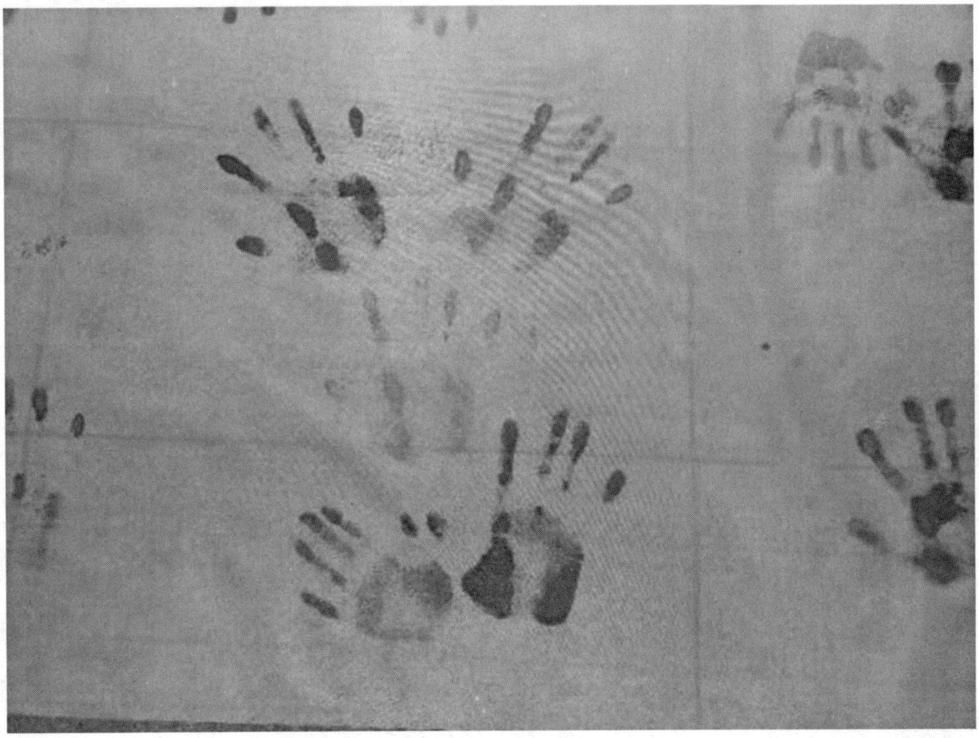

图2–44　手印留念

2. 拓展

草圣张芝

张芝，生年不详，约卒于汉献帝初平三年（公元 192 年），敦煌郡源泉县（今甘肃酒泉市瓜州县四道沟老城一带）人，字伯英，勤学好古，淡于仕进。朝廷以有道征不就，时人尊称自为“张有道”。善章草，后脱去旧习，省减章草点画、波桀，成为“今草”，张怀瓘《书断》卷中列张之章草、草书为神品，曰：“尤善章草书，生诸杜度、崔瑗。龙豹变，青出于蓝。又创于今草，天纵颖异，率意超旷，无惜是非。若清涧长源，流而无限，萦回崖谷，任于造化”；称他“学崔（瑗）、杜（操）之法，因而变之，以成今草，转精其妙。字之体势，一笔而成，偶有不连，而血脉不断，及其连者，气脉通于隔行”，三国魏书家韦诞称他为“草圣”。晋王羲之对汉、魏书迹，惟推钟（繇）、张（芝）两家，认为其余不足观。韦诞、索靖、王羲之父子、张旭、怀素之草法，均源于伯英。羊欣云：“张芝、皇象、钟繇、索靖，时号“书圣”，然张劲骨丰肌，德冠诸贤之首，斯为当矣”。

“书圣”王羲之最推崇的前辈书法家有两位。一位是曹魏的钟繇，一位是东汉的张芝。他说：“吾书比之钟、张，钟当抗行，或谓过之；张草犹当雁行。然张精熟，池水尽墨，假令余耽之若此，未必谢之。“耽”，是沉迷，特别爱好的意思。连王羲之都自叹弗如，可见张芝对书法的热爱程度。

任务评价

自我评价：针对本篇任务的学习情况，进行自我评价，并填写下表。

学生姓名：　　　年级：　　　专业：　　　班级：　　　评价时间：　　　年　　月　　日

评价类型	评价内容	评价结果				
		10分	8分	6分	4分	2分
习惯养成	态度积极，遵守纪律，自觉探究					
	独立自主，帮助他人，协作友爱					
情感养成	人文科学素养提升，求知求实，态度积极					
	团队意识、爱国意识、心理品质提高					
能力养成	按课程要求完成学习任务情况					
	学习能力与专业技能提升情况					
	综合运用知识解决问题、实践创新情况					
知识学习	人文、自然、社会知识学习情况					
	课外知识拓展及科学原理理解学习情况					
	书本知识在学习、生活中的应用了解情况					
自评得分						
需要提高改进的方面						

第三篇

敦煌文化贯穿古今

大漠敦煌[①]

我多想带上装满梦的行囊
牵一只骆驼去那风沙弥漫的远方
我多想沿着遥远又遥远的古道
寻找我梦中的大漠敦煌
穿过祁连山的六月飞雪
走进炎风吹沙的大漠
……
那鸣沙山千年不绝的鸣响
每一声吟唱
都是英雄泯血长笑的悲壮
那月牙泉甘洌清澈的水塘
每一个眼神
都曾凝视过扬鞭的牧人拓荒的农夫
玉门关的残垣断壁
……
我的大漠我的敦煌啊
你已不是金戈铁马厮杀遍野的战场
你丝绸铺路
你名声远扬
追踪远古消失的绿洲
注视大漠不朽的胡杨
我寻着崖壁上的佛光
……

任务1　邂逅敦煌

任务导入

敦煌市位于甘肃省河西走廊最西端，地处甘肃、青海、新疆三省（区）交汇处，党河和疏勒河下游最大的绿洲上，为“丝绸之路”西出玉门关和阳关的主要门户。“敦，

① 摘自齐越节《大漠敦煌》朗诵稿 https://wenku.so.com/d/364c260def3f79573eaf1f57f3f5aea6.

大也；煌，盛也”，取盛大辉煌之意。历史上的敦煌曾是中西交通的枢纽要道、丝绸之路上的咽喉锁钥、对外交往上的国际都会、经营西域的军事重镇，在中华历史的长卷上占有光辉的篇章。世界文化遗产和全国重点文物保护单位莫高窟，位于敦煌城东南25千米，是世界上现存规模最宏大、历史最长久、内容最丰富、保存最完好的佛教石窟艺术宝库。

任务目标

☆**知识目标**

1. 熟知敦煌市域内研学资源类型，并理解其核心价值；
2. 掌握研学课程实施评价反馈的核心要素和流程；
3. 理解研学活动质量提升的关键环节和策略。

☆**能力目标**

1. 能够独立进行研学资源调查，并分析其类型特色；
2. 能够准确反馈研学课程实施情况，提出建设性意见；
3. 能够设计并实施改进措施，持续提升研学课程质量。

☆**素质目标**

1. 培养学生深厚的文化素养，增强对敦煌文化的认同感和传播力；
2. 锻炼学生的团队协作与项目管理能力，确保研学活动的高效运行；
3. 塑造学生持续学习、创新进取的职业素养，为旅游行业贡献力量。

任务学习

一、研学课程实施反馈

（一）研学旅行活动课程评价

（1）课程评价应包括对课程目标适切性、课程实施效果、学习反馈有效性以及教学行为有效性的评价。

①对课程目标适切性的评价，应从目标设定质量与合理性、目标达成度进行评价。

②对课程实施效果的评价，应包括课程实施的模式、方法、场景选择、路线、活动

进程和安排、学生的学习反馈、活动过程的安全把控等。

③对学生学习反馈有效性的评价，应以学生学习评价结果为依据。

④对教学行为有效性的评价，应包括研学导师基本素质、教学实施情况、导师间及师生间配合度等。

（2）课程评价主体应多元化，包括校方教师、研学导师、学生、家长、合作单位、第三方机构等。

（二）研学旅行服务质量评价

（1）返程途中，活动承办方或供应方，应回收学生、老师填写的服务质量评价单。

（2）研学旅行服务质量评价单，应包括交通、住宿、用餐和课程质量。

（3）活动承办方或供应方项目负责人，应对委托其开展研学旅行的学校进行回访。

二、研学活动持续改进

应建立研学旅行承办方和供应方的准入、退出及评价机制。对各类反馈的信息进行汇总和分析，找准发生质量问题的具体原因，通过健全制度、优化课程设计、加强培训、调整供应方、完善服务要素和运行环节等措施，不断提升研学旅行活动课程质量。

讨论与交流

1. 研学旅行实施的原则有哪些？具体体现在哪些方面？

2. 教育部门在中小学研学旅行实施中，要发挥好哪些职能作用？

任务活动

1. 研学资源调查：根据下表分类，对敦煌市的研学资源进行分类调查并进行分析。

目的地名称	敦煌市
地理类研学资源概况	
自然类研学资源概况	
历史类研学资源概况	
科技类研学资源概况	
人文类研学资源概况	
体验类研学资源概况	
最具研学价值和意义的资源类型	

2. 研学课程设计：选定以上调查中的一个资源类型和载体，依托该研学资源特色，完成下表中研学课程设计内容。

资源载体（单位）		
课程名称		
适用对象（年龄学段）		
课程目标	情感目标	
	能力目标	
	知识目标	
课程时间长度		
任务活动设计		

3. 课程案例阅读：阅读课程设计案例 1，了解并熟悉研学课程设计的基本要素，指出该课程设计中存在的不足，并提出一些修改意见。

课程设计中存在的不足和问题	
课程设计修改意见	

课程设计案例 1：千年瑰宝莫高窟

一、课程载体

敦煌莫高窟，见图 3–1。

图 3–1　敦煌莫高窟

小资料

敦煌概况

提起敦煌，很多人脑海中会浮现出漫天的黄沙、莫高窟里的“飞天”与古佛、浓浓的西域风情、苍凉的戈壁等情景。虽然敦煌的光芒已渐渐湮没在历史中，但这里曾经的辉煌依然可见。“敦煌”，本意为“盛大”，这个词语足以彰显这里显赫的过往。敦煌地处河西走廊的最西端，是古丝绸之路上的名城重镇。历史上，它是中原通往西域乃至欧洲的唯一通道，是中国、印度、希腊、伊斯兰四大古老文明的汇流地，也是西域民族集散的大舞台，充满了异域风情和古老的传说。尘封在历史中的莫高窟，因其被称为“沙漠中的美术馆”和“艺术与信仰的精神绿洲”，是绝大多数旅行者造访敦煌的最大理由。莫高窟是世界上现存规模最大、内容最丰富的佛教艺术圣地，因为这里蕴藏着深厚的历史、辉煌的文化、极高的艺术成就，被誉为“一生必来一次”的地方。除此之外，鸣沙山环抱中的绿洲月牙泉、西部荒凉的沙漠戈壁、西千佛洞中沉默的神佛、奇异的雅丹“魔鬼城”、存在于诗词歌赋中的玉门关和阳关、敦煌城中的瓜果与美酒、秋天时金黄色的胡杨林……这一切，都描摹出了敦煌的传奇姿态。这座曾经风情万种的苍茫大漠，至今仍流光溢彩。

莫高窟

莫高窟，俗称千佛洞，坐落在河西走廊西端的敦煌。它始建于十六国的前秦时期，历经十六国、北朝、隋、唐、五代、西夏、元等历代的兴建，形成巨大的规模，有洞窟 735 个，壁画 4.5 万平方米（图 3–2）、泥质彩塑 2415 尊，是世界上现存规模最大、内容最丰富的佛教艺术圣地。1961 年，莫高窟被中华人民共和国国务院公布为第一批全国重点文物保护单位之一。1987 年，莫高窟被列为世界文化遗产。莫高窟始建于十六国时期，据唐《李克让重修莫高窟佛龛碑》一书的记载，前秦建元二年（366 年），僧人乐尊路经此山，忽见金光闪耀，如现万佛，于是便在岩壁上开凿了第一个洞窟。此后，法良禅师等又继续在此建洞修禅，称为“漠高窟”，意为“沙漠的高处”。后世因“漠”与“莫”通用，便改称为“莫高窟”。另有一说为：佛家有言，修建佛洞功德无量，莫者，不可能、没有也，莫高窟的意思，就是说没有比修建佛窟更高的修为了。北魏、西魏和北周时，统治者崇信佛教，石窟建造得到王公贵族们的支持，发展较快。隋唐时期，随着丝绸之路的繁荣，莫高窟更是兴盛，莫高窟在盛唐时期达到鼎盛，洞窟数量众多。安史之乱后，敦煌先后由吐蕃和归义军占领，但造像活动未受太大影响。北宋、西夏和元代，莫高窟渐趋衰落，仅以重修前朝窟室为主，新建极少。

图 3–2　敦煌壁画

二、适用对象

初、高中学生。

三、课程目标

（一）情感目标

感受我国石窟艺术的伟大成就及传统艺术的博大精深和艺术价值，激发学生的爱国主义热情；感悟石窟艺术中作品所传达的审美、理想和情感。

（二）知识目标

（1）认识悠久的丝路文明和灿烂的敦煌文化。

（2）了解莫高窟所蕴含的历史价值和艺术价值。

（三）技能目标

（1）了解莫高窟艺术中彩塑、壁画的艺术特点。

（2）能讲述一些壁画中的故事。

四、课程内容

学习了解莫高窟的艺术价值和所蕴含的历史背景，了解敦煌艺术所处的地理位置；初步认识敦煌艺术是由石窟建筑、彩塑艺术和壁画艺术共同组成的佛教艺术宝库；通过亲身的体验和实践，更加深刻地感受敦煌艺术的魅力。

五、课程时间长度

半天。

六、研学环境

莫高窟景区。

七、课程准备

（一）学生准备

（1）临摹用的壁画纸及彩铅。

（2）了解相关知识。

（二）基地准备

（1）飞天壁画线描图、画笔颜料。

（2）便签。

八、课程实施过程

（一）课程导入

研学导师："通过阅读上面的小资料，大家对敦煌及莫高窟有了一个初步的了解。下面我问同学们两个问题。

问题1：莫高窟为什么会在敦煌出现？

问题2：你知道哪些壁画故事？"

（二）任务活动1　感受石窟艺术

（1）在数字影院观看纪录片（图3–3），对莫高窟的洞窟艺术有一个初步的认识和了解。

（2）进入实体洞窟进行参观，近距离了解敦煌石窟艺术。（图3–4）

图3–3　同学们在数字影院观看纪录片

图 3-4　参观洞窟

（三）任务活动 2　壁画色彩填充活动

同学们在“壁画”上填充颜色，如图 3-5 所示。

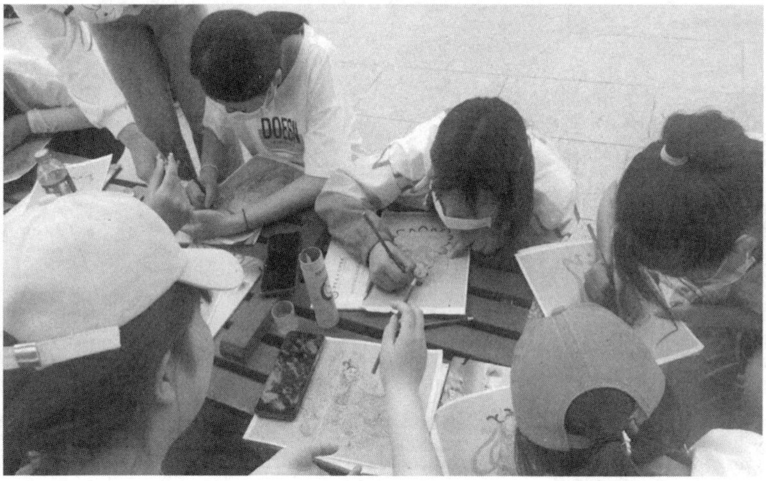

图 3-5　色彩填充

（四）任务活动 3　临摹壁画（针对绘画爱好者）

（1）老师讲解壁画临摹的技巧和方法。

（2）老师现场演示。

（3）学生现场临摹，老师进行协助。

（五）任务活动 4　展示分享

（1）壁画临摹完成后，将大家的作品进行展示分享。

（2）大家互相讨论：敦煌壁画为何能保持千年不脱色？颜料从何处来？它们用什么工艺、矿物制成？

（六）任务活动 5　总结与拓展

1. 总结

走进敦煌，在莫高窟的泥土与色彩的万般融合、时代与人文的无尽流淌中、在天地之间观日月星辰的变换中，课程的开启能够为走进敦煌的孩子们在内心种下“善用其心”的种子，在行履中将所思所想结合起来，开阔眼界、体验生命、成就人生。

2. 拓展

敦煌壁画

敦煌壁画是敦煌艺术的主要组成部分，规模巨大，技艺精湛。敦煌壁画的内容丰富多彩，它和别的宗教艺术一样，是描写神的形象、神的活动、神与神的关系、神与人的关系以寄托人们美好的愿望，安抚人们心灵的艺术。因此，壁画的风格，具有与世俗绘画不同的特征。但是，任何艺术都源于现实生活，任何艺术都有它的民族传统。因而，它们的形式多出于共同的艺术语言和表现技巧，具有共同的民族风格。（图 3–6）

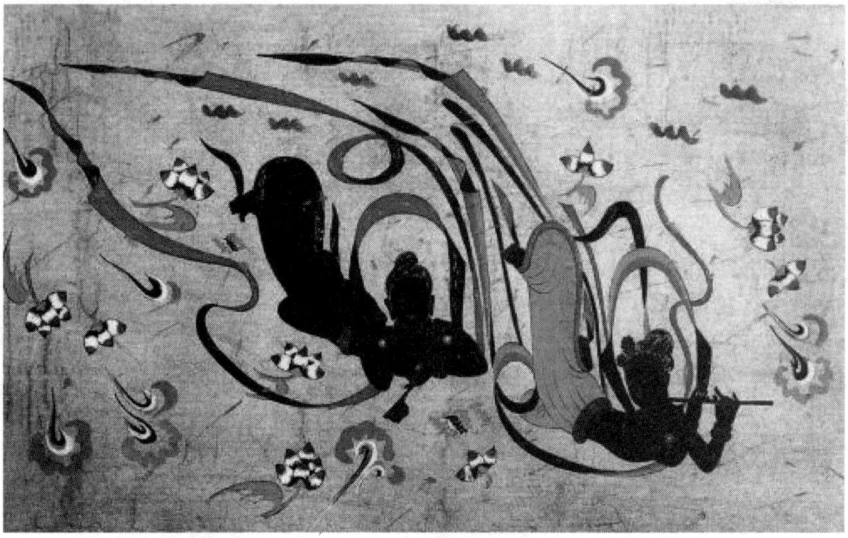

图 3–6　敦煌壁画飞天

3. 课程设计优化与实施

（1）阅读课程设计案例 1；

（2）对该课程活动设计进行优化改进；

（3）进行课程模拟实施；

（4）填写课程实施主要活动内容表并进行课程实施小结。

课程名称	
课程活动主要内容	
课程实施小结	

课程设计案例 2：探究沙水共生的秘密

一、课程载体

敦煌鸣沙山·月牙泉，如图 3-7 所示。

图 3–7　鸣沙山·月牙泉

小资料

月泉小镇

一个古老的小镇，里面包含着一个小小的世界。月牙泉小镇就像一首歌，从遥远的过去唱到今天，历史的兴衰和时间的流逝都反映在这座古镇上，看着“千年敦煌”这四个字，你一定会心有感叹。特别是到了盛夏八月，坐落在鸣沙山下的月牙泉小镇，在晨光和晚霞的映照下，更显得古朴典雅、风情浓郁，既有汉唐古风给人留下风尘仆仆的穿越感，又有酒旗飘香各种美食吸引人的刺激感。小镇全长 511 米，全镇有 200 多家店铺，是丝绸之路著名的旅游项目之一。在这一块历史风云之地，游人禁不住古风和美食的诱惑，像一个长途跋涉而来的剑客，在小镇的长条椅上坐下来，要上一碗杏皮水，一边大口地滋润着干渴的喉咙，一边高声吆喝着要酒要肉，这种豪爽的感觉，就是游人纷纷来敦煌月牙泉小镇要找的那种久违的感觉。

二、适用对象

初、高中学生。

三、课程目标

（一）情感目标

走出校园参与实践，拓宽视野，丰富知识，提高求知欲和探索精神，引导学生关注人类共有的生存环境，激发热爱共有家园的情感，增强环保意识。

（二）知识目标

（1）了解月牙泉的形成原因。

（2）了解月牙泉千年不干涸的原因。

（三）技能目标

（1）能主动探究五色沙轰隆鸣响之谜。

（2）了解月牙泉的形成原因。

四、课程内容

了解鸣沙山·月牙泉的艺术价值和所蕴含的历史背景，了解敦煌艺术所处的地理位置；初步认识鸣沙山月牙泉的特色；通过亲身体验和实践，深刻感受敦煌艺术和丝路文化的魅力。

五、课程时间长度

半天。

六、研学环境

月泉小镇、鸣沙山·月牙泉景区。

七、课程准备

（一）学生准备

（1）参与活动的激情。

（2）了解鸣沙山月牙泉相关知识。

（3）穿着合适的服装便于攀爬沙山。

（二）基地准备

（1）准备灯管、干毛巾，共 10 个。

（2）活动所需场地。

（3）组织人员 5 名。

八、课程实施过程

（一）课程导入

研学导师："月牙泉因其被沙山环绕的独特地理位置和形似月牙的形态而成为著名的风景区。早在东汉时期，《三秦记》中就有关于月牙泉的记载。它是'敦煌世界地质公园'的重要组成部分，以其独特的'沙丘抱泉，泉映沙丘''沙岭晴鸣''月泉晓澈'景观而享誉中外。

'就在天的那边，很远很远，有美丽的月牙泉，它是天的镜子，沙漠的眼，星星沐浴的乐园……'一曲《月牙泉》吟唱出了月牙泉的美与幻。有着'沙井'之称的月牙泉因其特有的地貌成就了令世人瞩目的奇景——沙山环绕之下有着一弯月牙般的清泉。

现在，就让我们亲自走进大自然的眼睛里，领略丝绸之路的风采，体会来自沙漠明珠的魅力。接下来我要问大家两个问题。

问题 1：鸣沙山为什么会发出鸣响声？

问题 2：为什么这里的泉水不会被沙漠淹没？"

（二）任务活动 1　走进千年敦煌·月泉小镇

研学导师："在课前大家是否了解了有关月泉小镇的相关知识，哪位同学可以为大家介绍一下呢？"边走边听学生讲解。

（三）任务活动 2　探究鸣沙山的鸣响之谜

1. 研学导师讲解

鸣沙山位于甘肃敦煌市南郊 7000 米的鸣沙山北麓，面积约 200 平方千米，东起莫高窟崖顶，西接党河水库，是丝绸之路上神奇瑰丽的旅游景点。

鸣沙山，沙峰起伏，山"如虬龙蜿蜒"，金光灿灿，宛如一座金山。曾被称为"沙角山"，处于腾格里沙漠边缘，与宁夏中卫市沙坡头区的沙坡头、内蒙古达拉特旗的响沙湾和新疆巴里坤哈萨克自治县境内的巴里坤镇同为我国四大鸣沙山之一。

自古以来，由于不了解敦煌鸣沙山鸣响的原因，有过不少动人的传说。相传，这里原是一块水草丰美的绿洲，汉代一位将军率领大军西征，夜间遭敌军的偷袭。正当两军厮杀之际，大风突起，漫天黄沙将两军人马全部埋入沙中，于是这里就有了鸣沙山。据说，敦煌鸣沙山的沙鸣，就来自他们的拼杀之声。（图 3–8）

图 3-8　鸣沙山

鸣沙山的沙子，如果你掬沙细看，就会发现山上的沙粒有红、黄、绿、白、黑五种颜色，称之为“五色沙”。它们晶莹闪亮，五彩缤纷，不沾一尘，是鸣沙“三宝”之一。为什么沙分五色呢？鸣沙到底为什么会鸣响？

2. 攀爬沙山，探究五色沙鸣响之谜

（1）分组：选队长、起队名。

（2）举行攀爬沙山比赛。

（3）收集五色沙石，听研学导师讲解，探究五色沙的形成及鸣响之谜，了解沙漠带来的利与弊。

（4）滑沙拓展比赛，体验沙中乐趣。

3. 讨论

研学导师给学生讲解关于鸣沙山的响声，主要有三种说法。

第一种为静电发声说。认为鸣沙山沙粒在人力或风力的推动下向下流泻，含有石英晶体的沙粒互相摩擦产生静电。静电放电即发出声响，响声汇集，声大如雷。

第二种为摩擦发声说。认为天气炎热时，沙粒特别干燥而且温度增高。稍有摩擦，即可发出爆烈声，众声汇合一起便发出轰轰隆隆声。

第三种为共鸣放大说。沙山群峰之间形成了壑谷，是天然的共鸣箱。流沙下泻时发出的摩擦声或放电声引起共振，经过共鸣箱的共鸣作用，放大了音量，形成巨大的回响声。

天地奇响，自然妙音，所谓鸣沙，并非自鸣，而是因人沿沙面滑落而产生鸣响。鸣沙又叫音乐沙，它是一种奇特的却在世界上普遍存在的自然现象。沙漠或者沙丘中，由于各种气候和地理因素的影响，造成以石英为主的细沙粒，因风吹震动，沙滑落或相互运动，众多沙粒在气流中旋转，表面空洞造成"空竹"效应发生"嗡嗡"响声的地方称为鸣沙地。在中国西部地区，鸣沙地主要是沙漠，这些沙丘堆成山状，因此又称为鸣沙山。敦煌鸣沙山与宁夏中卫市的沙坡头、内蒙古达拉特旗的银肯响沙湾和新疆巴里坤哈萨克自治县鸣沙山号称中国的四大鸣沙山。

（四）任务活动 3　骑骆驼——体验沙漠情韵

在走进沙漠后，同学们可以骑骆驼，体验沙漠情韵，在这沙峰起伏、峰如刀刃的鸣沙山上拍照打卡留念，最后可以带回一瓶晶莹闪亮、五彩缤纷的五色沙子！（图 3–9）

图 3–9　五色沙

（五）任务活动 4　试验——沙子静电摩擦共鸣

（1）使用灯管、干毛巾进行试验，证实沙石的摩擦与静电是怎样形成的。（图 3–10）

图 3-10　摩擦与静电试验

（2）观察沙石的颜色。

（六）任务活动 5　探究鸣沙山·月牙泉的共生之谜

1. 研学导师讲解

月牙泉古称沙井，俗名药泉。

月牙泉南北长近 100 米，东西宽约 25 米。泉水东深西浅，最深处约 5 米，弯曲如新月，因而得名，有“沙漠第一泉”之称。自汉朝起即为“敦煌八景”之一，1994 年列入国家级风景名胜区。（图 3-11）

图 3-11　月牙泉

月牙泉内生长有眼子草和轮藻植物，南岸有茂密的芦苇，四周被流沙环抱，虽遇强风而泉不为沙所掩盖。因“泉映月而无尘”“亘古沙不填泉，泉不枯竭”而成为奇观。鸣沙山和月牙泉是大漠戈壁中的一对孪生姐妹，“山以灵而故鸣，水以神而益秀”。有“鸣沙山怡性，月牙泉洗心”之感。月牙泉是敦煌诸多自然景观中的佼佼者，古往今来以“沙漠奇观”著称于世，被誉为“塞外风光之一绝”。月牙泉、莫高窟九层楼和莫高窟艺术景观融为一体，是敦煌城南一脉相连的“三大奇迹”，也是中国乃至世界人民向往的旅游胜地。

2. 讨论

千百年来，月牙泉为什么没有被沙子淹没?

3. 研学导师发言

今人对月牙泉起源的解释有四种。一是古河道残留湖。认为月牙泉是附近党河的一段古河道。很久以前，党河改道，大部分古河道被流沙淹没，仅月牙泉一段地势较低，由于地下潜流出露，汇集成湖。湖水不断得到地下潜流的补给，因而不会枯竭。二是断层渗泉。认为月牙泉南侧有一东西向的断层，断层上盘抬高了地下含水层，下盘降到附近潜水面时，潜流通出成泉。三是风蚀湖。即原始风蚀洼地随风蚀作用的加剧，当达到潜水面深度时，在新月形沙丘内湾形成泉湖。由于环绕月牙泉的沙山南北高，中间低，自东吹进环山洼地风会向上方走，风力作用下的沙子总是沿山梁和沙面向上卷，因而沙子不会刮到泉里，沙山也总保持似脊似刃的形状，这才形成沙泉共存的奇景。四是人工挖掘。认为月牙泉形状与半轮新月惟妙惟肖，好似人工刻意修饰的结果，加之古籍中有“沙井”的记载，既然称井，必须是人力劳作的结果。

月牙泉的四奇：月牙之形千古如旧，恶境之地清流成泉，沙山之中不淹于沙，古潭老鱼食之不老。月牙泉的三宝：铁背鱼、五色沙、七星草。鸣沙山的沙子有红、黄、绿、白、黑五种颜色。传说，铁背鱼和七星草一起吃可以长生不老。月牙泉南岸的小花罗布红麻是泉边独特而唯一的保健中草药，加工成茶叶后 pH 酸碱度呈弱碱性，可以降血压、降血脂、增加冠状动脉流量，对高血压、高血脂、有较好的疗效作用。

（七）任务活动 6　展示分享

进行活动感受的分享。

（八）任务活动 7　总结与拓展

1. 总结

敦煌最美的地方就是鸣沙山月牙泉了，在茫茫沙漠中，鸣沙山怀抱着一汪清泉、一弯新月，灵动而精美。绵延起伏的沙丘就像大海一样浩渺无边，泛着黄色的沙丘，就像大海中一朵朵浪花，形态各异。在夕阳下，山脊挺阔，宛如刀刃，一道道沙脊呈波纹状，明暗相间，层次分明。一座座沙丘像古埃及金字塔，金碧辉煌，巍峨壮观。漫漫黄沙捧绿洲，碧水映塔楼。驼铃响，迎斜阳，塞外江南一地游，敦煌有扬州。在这里用线条勾勒着我们眼中的敦煌，一笔一画中是五千年的传承，正可谓是“渭城朝雨浥轻尘，客舍青青柳色新。劝君更尽一杯酒，西出阳关无故人。”

2. 拓展

沙画

沙画，即用沙子作画，是一门独特的艺术。它结合现代人的审美观，依托深厚的文化底蕴和文化内涵，采用产自神奇大自然的天然彩沙，经手工精制而成。

中国有着深远的沙画历史，在中国宋代即有“沙书改字”与“沙书改画”的典故记载。从作画原料上看，传统印象中的沙画大多是黄褐色、纯白色等单色，但随着内容题材多样化、创作群体年轻化，新一代沙画艺术家结合了中国油画色彩丰富鲜明的特点，使得各种颜色的彩沙成为现如今沙画创作的主要材料。

沙画是写意的，它充满自然美，它的一撒、一捧、一抹、一勾、一挑、一拍，手法都很有表现力和感染力，在让人们享受沙画艺术美感的同时，带来全新精湛的视觉盛宴。

普通的一捧黄沙，到了沙画大师手里，就变成了金沙。他们突破传统艺术，变化出种种图案，绘出美丽动人的画面，再配上优美的背景音乐，一朝入画，梦回千年。（图 3–12）

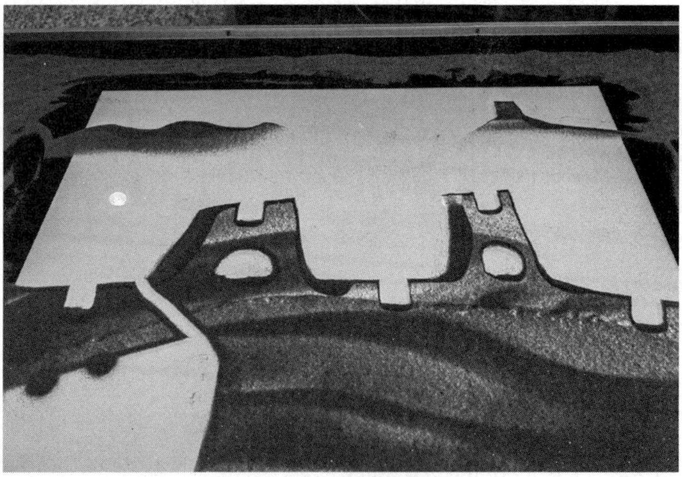

图 3–12　沙画作品

任务评价

自我评价：针对本篇任务的学习情况，进行自我评价。

学生姓名：　　年级：　　专业：　　班级：　　评价时间：　　年　　月　　日

评价类型	评价内容	评价结果				
		10分	8分	6分	4分	2分
习惯养成	态度积极，遵守纪律，自觉探究					
	独立自主，帮助他人，协作友爱					
情感养成	人文科学素养提升，求知求实，态度积极					
	团队意识、爱国意识、心理品质提高					
能力养成	按课程要求完成学习任务情况					
	学习能力与专业技能提升情况					
	综合运用知识解决问题、实践创新情况					
知识学习	人文、自然、社会知识学习情况					
	课外知识拓展及科学原理理解学习情况					
	书本知识在学习、生活中的应用了解情况					
自评得分						
需要提高改进的方面						

任务2 纵横雅丹

任务导入

如果说大自然的魅力是无穷的，那么这些壮丽而秀美的地质奇观便是最好的证明。在国内也有很多足以让人大开眼界的地质奇观，它们都是大自然的神奇造化，历经亿万年的沧海桑田，甚至更久，从而形成瑰丽壮美的风景。我国的大好河山，比你想象中的还要壮丽多彩，有太多的精彩值得去探索。

酒泉，地处河西走廊西端，地域广袤辽阔，其独特的地理位置，孕育了广阔的大漠、戈壁、雪山、绿洲等地形地貌，这里是一片充满神奇魅力和无限生机的热土。在这里，山脉连绵，戈壁浩瀚，盆地毗连，巍峨的雪山，无际的沙漠，构成了雄浑独特的西北风光，既有银装素裹的冰川雪景，也有碧波溪流的平原绿洲，还有沙漠戈壁的海市蜃楼，是一个令人向往的地质科普天地。

雅丹地貌位于甘肃西部，敦煌市境内。敦煌雅丹地貌气势磅礴，造型精美且内容丰富多彩，是罕见的地质奇观，是迄今为止，世界上发现的规模最大、地质形态发育最成熟、最具观赏价值的雅丹地貌群落。同时，它还是重要的地质地貌和生态环境研究的科学探索园地。

任务目标

☆**知识目标**

1. 理解敦煌市域内雅丹地貌研学资源的独特性与价值；
2. 熟悉研学课程实施评价反馈的体系与标准；
3. 掌握研学活动质量提升的理论与实践方法。

☆**能力目标**

1. 能够独立调查与分析雅丹地貌研学资源的类型与特色；
2. 能够系统评估并有效反馈研学课程的实施情况；
3. 能够运用策略与方法持续改进研学课程的实施质量。

☆**素质目标**

1. 培养学生对自然与文化遗产的尊重与保护意识；
2. 提升学生的团队协作与沟通能力，确保研学活动的顺利进行；
3. 塑造学生持续学习、勇于创新的研学精神，为旅游行业贡献专业力量。

任务学习

研学旅行组织实施的基本要求

一、对活动主办方的要求

活动主办方指教育部门和中小学校。

（一）教育部门

（1）应明确工作领导机构、负责科室和指定人员，建立相关制度，制定方案，定期总结。

（2）应督促学校落实安全责任，审核学校报送的研学旅行活动方案（含保单信息）和应急预案。

（3）对学校提交拟采购的研学旅行活动，要从课程目标、课程内容、服务保障等各方面进行综合评估。

（4）应积极宣传研学旅行的重要意义，带动学校、家长、学生对研学旅行认识的转变，为研学旅行工作营造良好的社会环境和舆论氛围。

（5）应联合各政府职能部门，在研学旅行实施工作中，做好协调和监督工作。

（二）中小学校

（1）应把研学旅行纳入学校教育教学规划，将办学理念、办学特色、培养目标、教育内容等融入其中，与综合实践活动课程统筹考虑，促进研学旅行和学校课程有机融合。

（2）应成立研学旅行活动领导小组，根据学校教育教学安排，确定研学旅行活动总体实施方案及学年（或学期）活动计划和实施方案。

（3）在研学旅行活动实施前，应拟定课程实施方案和安全紧急预案，并按管理权限报教育行政部门备案。

（4）自行开展或采取委托形式开展研学旅行，应安排带队教师负责学生活动管理和安全保障，与家长签订协议书，与活动承办方或活动供应方签订合同，明确各方权责，按照合同约定履行义务。

（5）应加强对学生和带队教师的研学旅行事前培训和事后考核。

（6）应建立研学旅行档案管理制度。

（7）应在研学旅行活动结束后，及时将研学旅行工作总结、研究报告、心得体会、图片资料等报送当地教育行政部门。

二、对活动承办方的要求

（1）活动承办方应符合以下基本条件：

①具备法人资质，有营业执照及相关经营许可证；

②具备专兼职相结合、相对稳定的研学导师队伍；

③具备系统化的研学旅行活动课程和服务；

④具备完善的研学旅行活动安全应急预案。

（2）活动承办方应与中小学校及活动供应方密切配合，遵循安全第一的原则，全程进行安全防控工作，确保活动安全进行。

（3）提供相应的课程资源和师资，确保研学旅行活动课程的教学质量。

（4）活动承办方应与中小学校签订承办合同，并按照合同约定履行义务。

讨论与交流

1. 查阅资料，讨论研学旅行活动实施对活动供应方有哪些要求？

2. 研学旅行产业发展与地方其他产业是如何融合发展的？

任务活动

1. 研学资源调查：根据下表分类，进一步对敦煌市的研学资源进行分类调查并进行分析。

目的地名称	敦煌市
地理类研学资源概况	
自然类研学资源概况	
历史类研学资源概况	
科技类研学资源概况	
人文类研学资源概况	
体验类研学资源概况	
最具研学价值和意义的资源类型	

2. 研学课程设计：选定以上调查中的一个资源类型和载体，依托该研学资源特色，完成下表中研学课程设计内容。

资源载体（单位）		
课程名称		
适用对象（年龄学段）		
课程目标	情感目标	
	能力目标	
	知识目标	
课程时间长度		
任务活动设计		

3. 课程案例阅读：阅读课程设计案例，了解并熟悉研学课程设计的基本要素，指出该课程设计中存在的不足，并提出一些修改意见。

课程设计中存在的不足和问题	
课程设计修改意见	

课程设计案例：相约玉门关 · 纵横雅丹

一、课程载体

雅丹国家地质公园，如图 3–13 所示。

图 3–13 雅丹国家地质公园

玉门关遗址，如图 3–14 所示。

图 3–14　玉门关遗址

小资料

雅丹地貌

雅丹地貌是指风对干旱地区的湖积或冲积平原吹蚀，形成的地面支离破碎的垄槽地形，维吾尔语称雅丹，意谓具陡壁之小丘。高起的风蚀土墩作长条形，排列方向与主风向平行。近年来研究表明，暂时性流水的冲蚀和湖水的侵蚀，也是雅丹地貌形成的重要原因之一。雅丹地貌以罗布泊西北楼兰附近最典型。

雅丹地貌的形成有两个关键因素。一是发育这种地貌的地质基础，即湖相沉积地层；二是外力侵蚀，即荒漠中强大的定向风的吹蚀和流水的侵蚀。

敦煌雅丹国家地质公园，是目前世界上发现的规模最大、地质形态发育最成熟、最具观赏价值的雅丹地貌群落，常被称为“敦煌雅丹魔鬼城”，亦称“三垅沙雅丹群”。公园位于敦煌市西 184 千米处，面积 400 多平方千米，主要是由风蚀作用形成的雅丹地貌景观，属于古罗布泊的一部分。电影《英雄》《天脉传奇》《齐天大圣孙悟空》等影视作品在此拍摄。

二、适用对象

初、高中学生。

三、课程目标

（一）情感目标

欣赏敦煌雅丹地质公园的独特风景，了解风力侵蚀雅丹地貌背后的地质变迁，了解雅丹地貌形成原因，培养同学们科学探究的兴趣；领略大自然的鬼斧神工，感受祖国多彩河山。

（二）知识目标

（1）了解雅丹地貌的地貌特色、地理环境、自然资源。

（2）了解玉门关的由来及其历史地位。

（三）技能目标

（1）培养学生独立思考、合作探究、解决问题的能力。

（2）掌握雅丹地貌形成的原因。

四、课程内容

（1）体验千姿百态、美轮美奂、神态各异的雅丹地貌。

（2）了解北望长城，犹如龙游鳌海的玉门关遗址。

五、课程时间长度

1天。

六、研学环境

玉门关遗址景区、敦煌雅丹国家地质公园地学博物馆、雅丹景区。

七、课程准备

（一）学生准备

学生根据自身情况，备好衣物，带足防晒用品和遮阳物品，清热、防暑的药物或冲剂（常规药品，主要是治感冒、腹泻、水土不服、高原反应等药物）；游览时，须带太阳帽、太阳镜、丝巾、护唇膏、防晒霜以及金嗓子喉宝、含片等药物。

（二）基地准备

（1）基地准备讲解材料。

（2）宣传册（对玉门关遗址和雅丹国家地质公园的介绍）。

八、课程实施过程

（一）课程导入

研学导师："中国国土跨纬度很大，南方有小桥流水人家的江南水乡，北方则有狂野的风蚀地貌。接下来我会问大家两个问题。

问题1：汉武帝'列四郡，据两关'，两关指哪两关？

问题2：玉门关位置在哪里？"

（二）任务活动1　傲视大漠——玉门关

1. 导师讲解玉门关

玉门关，始置于汉武帝开通西域道路、设置河西四郡之时，因西域输入玉石时取道于此而得名。

玉门关的设立，距今已有2千多年的历史。汉初，匈奴东败东胡，西逐大月氏，占据河西，并以河西为基地，屡犯汉境。汉王朝开始曾对匈奴采取和亲政策，希图换取暂时的安宁。汉武帝时，放弃了和亲政策，对匈奴发动了大规模的军事反击。元狩二年（公元前121年），骠骑将军霍去病率兵西征，沉重打击了匈奴右部。同年，汉分河西为武威、酒泉两郡。元鼎六年（公元前111年），又增设张掖、敦煌两郡，同时建玉门关和阳关。从此，玉门关和阳关就成为西汉王朝设在河西走廊西部的重要关隘。

河西归汉以后，内地通往西域及欧洲诸国的通路打开了，中国特有的丝绸源源不断运往西方，西方的音乐、宗教以及葡萄、石榴、核桃、苜蓿等也从此传入中国。人们习惯把东起长安（西安），联络亚、欧、非3大洲，遥遥数千里的交通大道称为"丝绸之路"。这条路自敦煌以西分为两路，一条出敦煌向西北经玉门关、鄯善北行，叫天山北路；一条出敦煌向西南经阳关、安南坝，沿塔克拉玛干大沙漠南行，叫天山南路。因此，玉门关和阳关也就成为丝绸之路上通往西方的重要关卡，是西行商旅和文臣武将的重要停息站。当时的玉门关，驼铃悠悠，人喊马嘶，商队络绎，使者往来，一派繁荣景象。

2. 参观玉门关遗址博物馆

研学导师组织学员们有序参观玉门关遗址博物馆。

3. 导师讲解玉门关遗址

现在的汉玉门关遗迹，是一座四方形小城堡，俗称小方盘城，耸立在东西走向戈壁滩狭长地带中的砂石岗上；南边有盐碱沼泽地，北边不远处是哈拉湖，再往北是长城，长城北是疏勒河古道。关城全用黄土夯筑而成，面积约 600 平方米。距玉门关 15 千米处，是河仓古城，俗称“大方盘城”，建于西汉，到魏晋时一直是长城边防储备粮食的重要军需仓库。河仓城坐北向南，夯土版筑，呈长方形，分外城、内城和仓城三部分。外城城墙已坍塌，残存仓城东西长约 132 米，南北宽约 17 米，残垣最高处 9 米；城内有南北方向的两堵墙，将其隔为面积相等并排的三座仓库。每库向南开一门。四壁多已颓塌，只有北壁较为完整。

4. 齐颂唐·王之涣《凉州词》

黄沙远上白云间，
一片孤城万仞山。
羌笛何须怨杨柳，
春风不度玉门关。

（三）任务活动 2　揭开神秘的面纱——雅丹

1. 参观

学生乘坐电瓶车进行参观

2. 专职讲解员进行讲解

敦煌雅丹国家地质公园距敦煌市区约 180 千米，东南距玉门关约 100 千米，西南距罗布泊湖心约 120 千米，是我国乃至全世界第一个以雅丹命名的国家地质公园。

雅丹国家地质公园的地质遗迹类型丰富多样，共 77 处地质遗迹点，包括地貌景观、地质构造、水体景观、环境地质遗迹景观 4 大类；构造形迹、流水地貌景观、风力地貌景观、沙漠地貌景观、湖沼景观、地质灾害遗迹景观 6 类；中小型构造、流水侵蚀地貌景观、流水堆积地貌景观、风力侵蚀地貌景观、沙漠景观、沼泽湿地景观、山体崩塌遗迹景观 7 个亚类。

3. 讨论

（1）“雅丹”这个词，是什么意思呢？敦煌雅丹国家地质公园的地貌形状特别之处又在哪里呢？

（2）雅丹地貌具体是怎样形成的？

4. 继续参观

随观光车的停留，学员参观和了解雅丹的各种地貌特征。

5. 讲解员继续介绍敦煌雅丹国家地质公园

除雅丹地貌外，敦煌雅丹国家地质公园内还有其他类型多样、造型奇特的风蚀谷地貌。由于暴雨把地表侵蚀成很多沟谷，风再沿着这些沟谷吹蚀，暴雨与风多次反复侵蚀，谷地逐渐扩大加深，发展成峡谷，称为风蚀谷。部分风蚀残丘由于其砂泥层中垂直节理特别发育，又经过多次暴雨的反复切割与风蚀作用，松软的沙土石被卷走，原来块状的岩石被切割成一条条的石柱，成为风蚀柱。这些风蚀柱让强风又刀刻斧凿般地雕成一个个似物似人、似禽似兽的造型，千姿百态，惟妙惟肖。风蚀柱受风特别的磨蚀作用，靠近地表的地方，气流中携沙量多，磨蚀作用强，使其下部凹进同部突出，再进一步发展成蘑菇状，成为风蚀蘑菇。进一步发展，风蚀蘑菇就变得很不稳定，当大风吹来时，使之摇动，成为摇摆石。风蚀柱的根部也常常由于风的吹蚀作用而形成凹坑，成为风蚀洼地。散布在地表的卵石或砾石，在风沙和相互间的作用下，被磨蚀成多个磨光面，而且边棱清晰鲜明，造型奇特，这种石块称风棱石，在保护区内随处可见，很有观赏价值。

（四）任务活动 3　展示分享

（1）学员展示所拍下的各种雅丹地貌、地形照片。

2. 学员为所拍的照片命名，并进行说明。

（五）任务活动 4　总结与拓展

1. 总结

敦煌雅丹地貌是迄今为止在世界上发现的规模最大、地质形态发育最成熟、最具观赏价值的雅丹地貌群落，属世界罕见，是宝贵的、不可再生的自然遗产，具有重要的科研、科普和旅游观光价值。

2. 拓展

阳关

大约在公元前 121—107 年间，汉武帝下令修建了“两关”，即阳关、玉门关。阳关，是中国古代陆路对外交通的咽喉之地，是丝绸之路南路必经的关隘，位于甘肃省敦煌市西南的古董滩附近。西汉置阳关，因在玉门关之南，故名。和玉门关同为当时对西域交通的门户。自唐中后期以来，因与西方和陆路交通逐渐衰落，关遂废圮，故有诗云“西出阳关无故人”。古董滩因地面曾暴露大量汉代文物，如铜箭头、古币、石磨、陶盅等而得名。《西关遗址考》谓古董滩是汉代以后阳关。但据清《甘肃新通志》及《敦煌县志》认为红山口即阳关。图 3–15 为阳关博物馆。

图 3–15　阳关博物馆

3. 课程设计优化与实施

（1）对以上的课程设计案例中的课程活动设计进行优化改进；

（2）进行课程模拟实施；

（3）填写课程实施主要活动内容表并进行课程实施小结。

课程名称	
课程活动主要内容	
课程实施小结	

任务评价

自我评价：针对本篇任务的学习情况，进行自我评价，并填写下表。

学生姓名：　　　年级：　　　专业：　　　班级：　　　评价时间：　　　年　　月　　日

评价类型	评价内容	评价结果				
		10分	8分	6分	4分	2分
习惯养成	态度积极，遵守纪律，自觉探究					
	独立自主，帮助他人，协作友爱					
情感养成	人文科学素养提升，求知求实，态度积极					
	团队意识、爱国意识、心理品质提高					
能力养成	按课程要求完成学习任务情况					
	学习能力与专业技能提升情况					
	综合运用知识解决问题、实践创新情况					
知识学习	人文、自然、社会知识学习情况					
	课外知识拓展及科学原理理解学习情况					
	书本知识在学习、生活中的应用了解情况					
自评得分						
需要提高改进的方面						

第四篇

航天成就飞天梦

千年梦圆今朝，一箭飞冲九霄。

2003 年 10 月 15 日，酒泉卫星发射中心，神舟五号飞船将航天英雄、中国首飞航天员杨利伟送上太空。中国为这一刻已经梦想了千百年，而航天人为这一刻也已经企盼了数十个春秋寒暑。

“神箭”在弦，几度问天。

2021 年 6 月 17 日，神舟十二号载人飞船发射成功，奠定了空间站建造任务载人飞船天地往返的良好开端。嫦娥奔月、女娲补天、夸父逐日……是中国古老的神话传说，也开启了人类探测宇宙的思想先河。“可上九天揽月”，是中华民族全方位崛起的梦想。中国航天梦的实现，真正体现了中华民族的复兴崛起，也标志着中国航天即将进入新时代。让我们仰望星空，为中国航天祝福的同时，努力奋斗，弘扬中国航天精神，把我们伟大的祖国建设得更富强。

任务　逐梦九天

任务导入

星空，自古以来便承载着人类无数的想象、哲思与情感。屈原仰望星空，著有《天问》，发出了对天地万象之理的追问；杜甫一句“星垂平野阔，月涌大江流”，借星空的浩渺表达了自己的漂泊与孤独；康德曾言，“世界上有两件东西能够深深震撼人们的心灵：一件是我们心中崇高的道德准则，另一件是我们头顶上灿烂的星空。”

酒泉，古代飞天的故乡，现代航天的摇篮；石油工业开启之源，“两弹一星”核心基地。

酒泉卫星发射中心是中国科学卫星、技术试验卫星和运载火箭的发射试验基地之一，是中国创建最早、规模最大的综合型导弹、卫星发射中心，也是中国目前唯一的载人航天发射场。在世界33个发射场中，酒泉卫星发射中心与苏联拜科努尔航天中心、美国肯尼迪航天中心齐名，能够发射载人航天器。

任务目标

☆知识目标

1. 深入理解酒泉市域内科技类研学资源的种类与核心特色；
2. 熟知研学旅行策划与管理的初级职业技能考查要点；
3. 掌握研学旅行策划与管理的初级职业技能标准与要求。

☆能力目标

1. 能够有效分析酒泉市域内科技类研学资源的独特性和教育价值；
2. 能够独立设计符合教育目标的科技类研学课程；
3. 能够顺利组织并实施科技类研学课程，确保活动效果。

☆素质目标

1. 培养学生对科技类研学资源的热爱与探索精神，形成持续学习的动力；
2. 提升学生研学旅行策划与管理的专业素养，形成系统思维与创新能力；
3. 锻炼学生团队协作与沟通能力，培养在研学旅行中解决实际问题的能力；
4. 树立学生研学旅行的安全意识与责任意识，确保活动安全有序进行。

任务学习

在浩瀚的宇宙探索之路上，酒泉，这座承载着无数飞天梦想的城市，不仅见证了中国航天事业的辉煌成就，也成了研学旅行中一颗璀璨的明星。随着研学旅行的日益普及与深化，如何将酒泉丰富的航天科技资源转化为生动有趣的研学课程，成了我们旅游管理专业学子亟待探索的课题。本篇，我们将通过深入学习亲子猫教育科技有限公司制定的“研学旅行策划与管理职业技能等级要求（初级）”，掌握研学旅行的基本策划流程与管理要点，学习如何将酒泉的航天魅力融入我们的策划与实践中，开启一段充满挑战与收获的研学之旅。

研学旅行策划与管理职业技能等级要求（初级）

工作领域	工作任务	职业技能要求
1. 安全落实	1.1 安全预警	1.1.1 熟悉基本的安全防护救护知识与灾害应急常识，能树立安全第一的意识
		1.1.2 掌握研学旅行安全风险防控和管理知识
		1.1.3 能识别和判断人员、基地、营地、食宿、交通、教具、设施、设备、生物等风险，并做出准确的预警和预防
		1.1.4 能明确承办单位、学校、家长、学生的责任权利
		1.1.5 能组织开展安全教育和安全消防演练
		1.1.6 能教会学生掌握安全知识、牢记重要联系方式、熟知财物保管技巧
		1.1.7 能教会学生识别并拒食高危险食品，不食用冷荤类食品、生食类食品、四季豆、鲜黄花菜、野生蘑菇、发芽土豆等。
1. 安全落实	1.2 检查落实	1.2.1 能判断合适的险种，督促检查落实保险购买情况
		1.2.2 能备好常用非处方药品和安全急救用品
		1.2.3 能及时开展安全巡查，清查人数，保证学生不离开视野范围
		1.2.4 能保证活动安全秩序，使活动正常开展
	1.3 应急处理	1.3.1 能就具体研学项目讲解安全须知、防范救护、风险管理与灾害应急注意事项
		1.3.2 能提醒学生做好安全防护措施，保护学生的财物、隐私和人身安全
		1.3.3 能按照问责清单执行研学安全标准和应急预案
		1.3.4 能对常见疾病预防，对学生摔伤、割伤、撞伤、烫伤、烧伤、咬伤、互伤、异物进气管、人员走失等意外事故进行应急处理

续表

工作领域	工作任务	职业技能要求
2. 实施引导	2.1 自我体验	2.1.1 能引导学生进行生活自我管理，提高自理、自律能力
		2.1.2 能带领学生玩游戏、唱歌、跳舞、朗诵，展示才艺
		2.1.3 能引导学生通过眼、耳、鼻、舌、身，调动五感体验
	2.2 开放探究	2.2.1 能讲生动有趣的故事，引导学生发现身边有趣的事物，激发学生的探索兴趣
		2.2.2 能做演示实验，鼓励学生自己动手探究未知
		2.2.3 能独立开发合格的研学活动单元课程
	2.3 评价激励	2.3.1 贯彻党和国家的教育方针，立德树人，忠诚于人民教育事业，尊重少数民族、宗教的传统和地方风俗习惯
		2.3.2 普通话水平应达到国家语言文字工作委员会颁布的《普通话水平测试等级标准》二级乙等及以上标准，无个人失信行为、无精神病史，无犯罪记录
		2.3.3 能通过言传身教，帮助学生养成好习惯，树立正确的价值观
		2.3.4 能采取合适方式进行控场
		2.3.5 能开展写实性评价，及时记录学生的主要言行，积极进行评价
		2.3.6 能引导学生描述所学所获，鼓励学生公众表达
		2.3.7 能辅导学生完成《学生研学手册》
3. 服务管理	3.2 个性服务	3.2.1 能与中小学校教师有效沟通，分析学生特点，有针对性地提供服务内容
		3.2.2 能对活动数据进行整理、归档、分析，且根据需求反馈做相应调整
		3.2.3 能完整地对活动实施全程进行服务质量监控
		3.2.4 能处理常见的投诉事件
	3.3 操作控制	3.3.1 能按照接待计划，安排房、车、餐、票、物料、保险、基地、营地等事宜
		3.3.2 能够进行简单的预算、结算
		3.3.3 能按照预算标准开展相应工作，并进行成本控制

续表

工作领域	工作任务	职业技能要求
3. 服务管理	3.2 个性服务	3.2.1 能与中小学校教师有效沟通，分析学生特点，有针对性地提供服务内容
		3.2.2 能对活动数据进行整理、归档、分析，且根据需求反馈做相应调整
		3.2.3 能完整地对活动实施全程进行服务质量监控
		3.2.4 能处理常见的投诉事件
	3.3 操作控制	3.3.1 能按照接待计划，安排房、车、餐、票、物料、保险、基地、营地等事宜
		3.3.2 能够进行简单的预算、结算
		3.3.3 能按照预算标准开展相应工作，并进行成本控制

讨论与交流

1. 学校作为研学课程实施的主办方，应该重点做好哪些方面的工作？

____

____

2. 如何对学生的研学活动质量进行有效的评价？

____

____

任务活动

1. 研学资源调查：根据下表分类，对金塔县的研学资源进行分类调查并进行分析。

目的地名称	金塔县
地理类研学资源概况	
自然类研学资源概况	
历史类研学资源概况	
科技类研学资源概况	
人文类研学资源概况	
体验类研学资源概况	
最具研学价值和意义的资源类型	

2. 研学课程设计：选定以上调查中的一个资源类型和载体，依托该研学资源特色，完成下表中研学课程设计内容。

资源载体（单位）		
课程名称		
适用对象（年龄学段）		
课程目标	情感目标	
	能力目标	
	知识目标	
课程时间长度		
任务活动设计		

3. 课程案例阅读：阅读课程设计案例，了解并熟悉研学课程设计的基本要素，指出该课程设计中存在的不足，并提出一些修改意见。

课程设计中存在的不足和问题	
课程设计修改意见	

课程设计案例：东风启航

一、课程载体

酒泉卫星发射中心，如图 4–1 所示。

图 4–1　酒泉卫星发射中心

小资料

中国第一个火箭卫星发射中心

航空航天离不开航天发射。目前，世界上最著名的航天发射中心分别是：美国的肯尼迪航天中心、西部航天和导弹试验中心；苏联拜科努尔航天中心和俄罗斯普列谢茨克基地；中国酒泉卫星发射中心和西昌卫星发射中心；日本种子岛宇宙中心；欧洲航天发射中心；意大利圣马科发射场；印度斯里哈里科塔发射场。

1. 火箭的组成部分

火箭主要由结构系统、动力系统、控制系统三大系统构成。

结构系统是火箭的躯壳，保护内部各组织；动力系统是火箭的生命之源，由燃料部分和发动机部分组成；而控制系统就像是大脑，指挥火箭控制飞行速度、工作方式以及确定飞行目标。

火箭自身携带全部推进剂，不依赖外界工质产生推力，可以在稠密大气层内飞行，也可以在稠密大气层外飞行，是实现航天飞行的运载工具。火箭按用途分为探空火箭和运载火箭。

2. 火箭发射的三种方式

目前，火箭发射有三种方式：一是地面发射；二是空中发射；三是海上发射。

早期，运送有效载荷的火箭都是从地面发射场发射的。地面发射场受地理位置的制约，限制了有效载荷的发射范围，难以满足各种有效载荷的需求，于是出现了从空中发射和从海上平台发射火箭的方式。

从空中发射火箭是用飞机将火箭运送到高空后，再释放火箭，火箭在空中点火飞向预定轨道。采用这种发射方式，飞机可以在不同地点的机场起飞，从空中任何地点发射，它不受地理位置的限制。这样，不仅增加了发射窗口，而且还会扩大轨道倾角的范围，因而具有很大的机动性。载机相当于火箭的基础级，能提高火箭本身的运载能力。另外，火箭从空中发射比从地面发射，其运载能力几乎可以提高一倍。

与地面发射场相比，从海上平台发射火箭同样具有多种优势。首先，可以灵活选择发射地点。当选择在赤道附近海域发射时，能充分借助地球的自转速度，提高火箭的运载能力；其次，周围没有居民点，火箭落区的选择范围较大，从而可使多级火箭的设计更加优化，进一步提高火箭的运载能力。

二、适用对象

全学段。

三、课程目标

（一）情感目标

了解中国航天事业的发展历史，参观革命烈士陵园，感悟红色记忆，心系中国梦，学习大国工匠精神。

（二）知识目标

（1）了解中国航天事业的发展历程。

（2）了解航空器材的工艺。

（3）了解火箭发射的条件。

（三）技能目标

（1）提升学生的科学探索和创新实践能力。

（2）提高学生动手能力和团队协作能力。

四、课程内容

参观基地场史展览馆、问天阁、烈士陵园、卫星发射场。

五、课程时间长度

1天。

六、研学环境

基地场史展览馆，问天阁，烈士陵园，卫星发射场。

七、课程准备

（一）学生准备

查阅资料，了解中国航天科技的相关知识。

（二）基地准备

（1）宣传册（对航天城的介绍）。

（2）基地专业讲解。

八、课程实施过程

（一）课程导入

研学导师："各位老师、同学们，大家早上好！今天，我们即将要去的地方是东风航天城，车程大约为 4 个小时，希望我们可以在这 4 个小时中度过一个愉快的行程。下面我要问大家两个问题。

问题 1：酒泉卫星发射中心也叫东风航天城，它属于哪个省市？

问题 2：你能说出哪些登上月球的中国航天员的名字？"

（二）任务活动 1　大漠金塔，孤烟落日

（1）研学导师沿途讲解金塔县概况。

（2）研学导师沿途讲解金塔鸳鸯湖。

（三）任务活动 2　参观酒泉卫星发射中心历史展览馆

（1）参观酒泉卫星发射中心历史展览馆，了解中国航天事业的发展历程。

（2）讲解员进行讲解。

（四）任务活动 3　把酒问青天——参观问天阁

（1）参观问天阁，走近航天员的日常生活，圆梦不断探索宇宙奥秘的理想追求。（图 4–2）

图 4–2　问天阁

（2）讲解员进行讲解。

（五）任务活动 4　缅怀革命先烈——东风革命烈士陵园

（1）在东风烈士陵园（图 4–3），缅怀为中国航天事业忠诚奉献、英勇献身的英雄先辈，感受航天人扎根戈壁、矢志航天的伟大情怀，继承革命先辈优良传统，汲取继续前行的精神力量。

图 4–3　东风革命烈士陵园

（2）研学导师讲解东风革命烈士陵园。

这里距离载人航天发射场 7 千米，760 多名曾经的航天工作者长眠于此。在这座陵园里，安葬着共和国的元帅、将军和普通的官兵、科技工作者。中国国防科技事业的奠基人和开拓者聂荣臻元帅生前曾四次来到这里，直接指挥国防科技试验，包括 1966 年我国首次进行的原子弹和导弹的结合试验。1992 年 5 月 14 日，聂荣臻元帅与世长辞，选择安葬在这里。

陵园里有一排特殊的墓碑，上面只有“烈士之墓”四个字。这九座无名烈士墓，代表着九位铁道兵。1958 年，他们在建设发射中心铁路时，牺牲在距离这里 200 多千米的下河清乡。直到 2013 年，当地村民才找到发射中心，说明当时几位烈士牺牲的情况，但他们的名字已经无从查找。他们同十万大军开进茫茫戈壁，凭着“死在戈壁滩，埋在青山头”这句东风航天人最响亮、最悲壮、最豪迈的誓言，在大漠戈壁建起了一座现代化的航天城。

（六）任务活动 5　嫦娥奔月——神舟飞船发射场

（1）在神舟飞船发射场（图 4–4），了解发射塔架基本结构及火箭飞船升空原理，感受我国航天科技创新发展和探索宇宙的能力。

（2）讲解员讲解神舟飞船发射场。

图 4-4　神舟飞船发射场

（七）任务活动 6　展示分享

（1）分享对“航天精神”的认识。

（2）分享研学活动的收获和感受。

（八）任务活动 7　总结与拓展

1. 总结

此次航天科技主题研学，旨在开阔学生眼界，增长知识，了解中国航天事业发展历程，深刻领悟“两弹一星”精神和载人航天精神，培养强国意识和爱国情怀。时代在呼唤这种精神，探索浩瀚宇宙，发展航天事业，建设航天强国，是我们不懈追求的航天梦。

2. 拓展

“两弹一星”

“两弹一星”指核弹（原子弹、氢弹）、导弹和人造卫星。

1960 年 11 月 5 日，中国仿制的第一枚导弹发射成功。1964 年 10 月 16 日 15 时，中国第一颗原子弹爆炸成功，使中国成为第五个有原子弹的国家；1967 年 6 月 17 日上午 8 时，中国第一颗氢弹空投爆炸试验成功；1970 年 4 月 24 日 21 时，中国第一颗人造卫星发射成功，使中国成为第五个发射人造卫星的国家。中国的“两弹一星”是 20 世纪下半叶中华民族创建的辉煌伟业。图 4-5 为东方红一号人造卫星。

20 世纪 50 年代、60 年代，是极不寻常的时期。当时，面对严峻的国际形势，为抵制帝国主义的武力威胁和核讹诈，50 年代中期，以毛泽东同志为核心的第一代党中央领导集体，根据当时的国际形势，为了保卫国家安全、维护世界和平，高瞻远瞩，果断地作出了独立自主研制“两弹一星”的战略决策。大批优秀的科技工作者，包括许多在国外已经有杰出成就的科学家，以身许国，怀着对新中国的满腔热爱，响应党和国家的召唤，义无反顾地投身到这一神圣而伟大的事业中来。他们和参与“两弹一星”研制工作的广大干部、工人、解放军指战员一起，在当时国家经济、技术基础薄弱和工作条件十分艰苦的情况下，自力更生，发奋图强，依靠自己的力量和苏联的帮助，用较少的投入和较短的时间，突破了核弹、导弹和人造卫星等尖端技术，取得了举世瞩目的辉煌成就。“两弹一星”是新中国伟大成就的象征，是中华民族的骄傲。在全国各族人民喜迎新中国 50 华诞之际，党中央、国务院、中央军委隆重表彰为我国“两弹一星”事业作出突出贡献的功臣。

图 4–5 东方红一号人造卫星

3. 课程设计优化与实施

（1）阅读以上课程设计案例；

（2）对该课程活动设计进行优化改进；

（3）进行课程模拟实施；

（4）填写课程实施主要活动内容表并进行课程实施小结。

课程名称	
课程活动主要内容	
课程实施小结	

任务评价

自我评价：针对本篇任务的学习情况，进行自我评价，并填写下表。

学生姓名：　　　年级：　　　专业：　　　班级：　　　评价时间：　　　年　　月　　日

评价类型	评价内容	评价结果				
		10 分	8 分	6 分	4 分	2 分
习惯养成	态度积极，遵守纪律，自觉探究					
	独立自主，帮助他人，协作友爱					
情感养成	人文科学素养提升，求知求实，态度积极					
	团队意识、爱国意识、心理品质提高					
能力养成	按课程要求完成学习任务情况					
	学习能力与专业技能提升情况					
	综合运用知识解决问题、实践创新情况					
知识学习	人文、自然、社会知识学习情况					
	课外知识拓展及科学原理理解学习情况					
	书本知识在学习、生活中的应用了解情况					
自评得分						
需要提高改进的方面						

第五篇

给我一天，还您三千年

十月的额济纳旗，胡杨林穿上了一年中最绚丽的盛装。好一个“满城尽带黄金甲”。

胡杨，从生到死，从死到朽，三千年，只为等你的到来。

在秋色满目之际，胡杨尽情地挥洒出自己的金色。每一片叶脉都盛开着暖意，每一个枝丫都挂满太阳。精美绝伦的色彩，将储备了一年的激情在秋天迸发出来。

胡杨，三千年等待，只为我来。

我从远方赶来，赴你一面之约。

任务　三千年的等待

任务导入

额济纳旗位于内蒙古自治区的西北端，旗政府驻地达来呼布镇，东距巴彦浩特636千米，西距酒泉397千米，南距旗境内闻名于世的酒泉卫星发射中心130公里，北与蒙古国接壤，边境线全长500.777千米，总面积11.46万平方千米。额济纳旗幅员辽阔，资源十分丰富。额济纳河是自治区最大的季节性河流，年均流量4.67亿立方米；境内联航鼎新机场与北京、西安等地定期通航；策克口岸，是国家季节性的一类陆路口岸，自1992年开放以来，吸引了国内外客商，为额旗经济发展注入了新的活力。额济纳，具有悠久的历史，灿烂的文化遗产，是世界上仅存的三大胡杨林地之一。居延遗址、黑城遗址等众多名胜古迹驰名中外，现代高科研基地东风航天城更是闻名遐迩。

任务目标

☆**知识目标**

1. 深入了解额济纳旗域内研学资源的种类及其核心价值；

2. 熟练掌握研学课程实施中安全管理的关键环节和要点；

3. 明确研学课程实施过程中安全责任界定的具体标准和程序。

☆**能力目标**

1. 具备对额济纳旗研学资源进行深入分析和特色主题课程设计的能力；

2. 能够根据研学课程特点制定合理有效的安全管理制度；

3. 能够在研学课程实施过程中进行安全预警，并承担相应责任。

☆**素质目标**

1. 培养学生对于额济纳旗丰富研学资源的热爱与敬畏之心，形成对历史的尊重与传承意识；

2. 提升学生研学课程策划与实施的专业素养，增强安全意识与风险管理能力；

3. 锻炼学生团队协作与沟通能力，培养在研学课程实施中应对突发事件的决策力与执行力；

4. 引导学生树立正确的安全责任观，培养在研学课程中的责任担当与自我约束能力。

任务学习

一、安全管理

（一）安全管理制度

主办方、承办方及供应方应针对研学旅行活动，分别制定安全管理制度，构建完善有效的安全防控机制。研学旅行安全管理制度体系包括但不限于以下内容。

（1）研学旅行安全管理工作方案。

（2）研学旅行应急预案及操作手册。

（3）研学旅行产品安全评估制度。

（4）研学旅行安全教育培训制度。

（二）安全管理人员

承办方和主办方应根据各项安全管理制度的要求，明确安全管理责任人员及其工作职责。在研学旅行活动过程中，安排安全管理人员随团开展安全管理工作。

（三）安全教育

1. 工作人员的安全教育

应制订安全教育和安全培训专项工作计划，定期对参与研学旅行活动的工作人员进行培训。培训内容包括：安全管理工作制度、工作职责与要求、应急处置规范与流程等。

2. 学生的安全教育

学生安全教育要求如下：

（1）应对参加研学旅行活动的学生进行多种形式的安全教育；

（2）应提供安全防控教育知识读本；

（3）应召开行前说明会，对学生进行行前安全教育；

（4）应在研学旅行过程中，对学生进行安全知识教育，根据行程安排及具体情况及时进行安全提示与警示，强化学生安全防范意识。

3. 应急预案

主办方、承办方及供应方应制定和完善包括：地震、火灾、食品卫生、治安事件、设施设备突发故障等在内的各项突发事件应急预案，并定期组织演练。

二、安全责任界定

（一）机制构建

（1）建立中小学研学旅行安全责任共担机制，教育、旅游、交通、公安、食品药品监管等部门应加强对研学旅行相关环节的监管，学校应对活动承办方和供应方的资质进行核查，必要时应与相关行业管理部门联系。

（2）应根据研学旅行的具体环节细化安全责任，构建研学旅行的责任追究机制。

（3）应制定研学旅行安全事故鉴定制度，区分责任事故和非责任事故。

（二）具体要求

（1）中小学校在实施研学旅行过程中，应落实各项安全保障措施，不得因采取委托形式开展研学旅行活动而声明免除自身对研学旅行的责任。

（2）活动承办方和供应方要明确并细化学生研学旅行安全责任，建立公开承诺机制，接受社会监督。

（3）责任事故分为五级：全部责任、主要责任、同等责任、次要责任和无责任，应避免任何一方承担“无限责任”。

（4）在相关部门对研学旅行事故进行鉴定后，各方应及时推进保险赔偿工作。

三、持续改进

应建立研学旅行承办方和供应方的准入、退出及评价机制。对各类反馈的信息进行汇总和分析，找准发生质量问题的具体原因，通过健全制度、优化课程设计、加强培训、调整供应方、完善服务要素和运行环节等措施，不断提升研学旅行活动课程质量。

讨论与交流

1. 结合当地中小学生研学旅行的现状，谈谈研学旅行发展都存在哪些问题？如何解决？

2. 研学旅行在实施过程中，哪些问题比较突出并亟须解决？

任务活动

1. 研学资源调查：根据下表分类，对额济纳旗的研学资源进行分类调查并进行分析。

目的地名称	额济纳旗
地理类研学资源概况	
自然类研学资源概况	
历史类研学资源概况	
科技类研学资源概况	
人文类研学资源概况	
体验类研学资源概况	
最具研学价值和意义的资源类型	

2. 研学课程设计：选定以上调查中的一个资源类型和载体，依托该研学资源特色，完成下表中研学课程设计内容。

资源载体（单位）		
课程名称		
适用对象（年龄学段）		
课程目标	情感目标	
	能力目标	
	知识目标	
课程时间长度		
任务活动设计		

3. 课程案例阅读：阅读课程设计案例 1，了解并熟悉研学课程设计的基本要素，指出该课程设计中存在的不足，并提出一些修改意见。

课程设计中存在的不足和问题	
课程设计修改意见	

课程设计案例 1：大漠情·胡杨魂

一、课程载体

额济纳旗胡杨林景区，如图 5–1 所示。

图 5–1　额济纳旗胡杨林

小资料

胡杨

胡杨，又称胡桐，杨柳科落叶乔木。树高 15~30 米，能从根部萌生幼苗，能忍受荒漠中的干旱，对盐碱有极强的忍耐力。胡杨的根可以扎到地下 10 米深处吸收水分，其细胞还有特殊的功能，不受碱水的伤害。胡杨系古地中海成分，是第三世纪残余的古老树种，在 6000 多万年前就在地球上生存，在古地中海沿岸地区陆续出现，成为山地河谷小叶林的重要成分。在第四纪早、中期，胡杨逐渐演变成荒漠河岸林最主要的建群种，主要分布在新疆南部、柴达木盆地西部、河西走廊等地。据统计，世界上的胡杨绝大部分生长在中国，而中国 90% 以上的胡杨又生长在新疆的塔里木河流域。目前，新疆巴音郭楞蒙古自治州轮台县有一片世界上最古老、面积最大、保存最完整、最原始的胡杨林。

二、适用对象

初、高中学生。

三、课程目标

（一）情感目标

感受大漠胡杨的优美景色，感悟胡杨精神。

（二）知识目标

（1）认识胡杨树的外形特点。

（2）识别不同树龄胡杨树叶的形状。

（3）了解胡杨树的生存环境和生长习性。

（三）技能目标

（1）能观察并记录胡杨树的外形特点、生长习性。

（2）深刻认识胡杨精神，传承和发扬胡杨精神。

四、课程内容

邂逅大漠胡杨，遇见人间秘境。全面了解胡杨的特征、生长经历和生存环境及其价值；深入挖掘胡杨精神的内涵，深刻体会胡杨精神；了解守边固疆的英雄人物事迹，传承胡杨精神。

五、课程时间长度

1天。

六、研学环境

额济纳旗胡杨林景区。

七、课程准备

（一）学生准备

（1）参与活动的热情。

（2）了解胡杨的精神和品格。

（二）基地准备

（1）准备防晒物品和充足的饮用水。

（2）准备鲜艳的衣物（如红色的衣服）。

八、课程实施过程

（一）课程导入

研学导师：“胡杨，又称胡桐（汉书）、英雄树、异叶胡杨、异叶杨、水桐、三叶树；落叶中型天然乔木，是杨柳科杨属胡杨亚属的一种植物，耐寒、耐旱、耐盐碱、抗风沙，有很强的生命力，广泛分布于中国西部的温带、暖温带沙漠地区。下面我要问大家两个小问题。

问题1：胡杨树的叶子有什么特点？

问题2：胡杨树有什么特别之处？”

（二）任务活动1　醉美胡杨林

（1）徜徉在八道桥胡杨林景区，拍下胡杨美景和美景中的自己。（图5–2）

（2）认识胡杨树叶子的三生三世。胡杨树叶子有三种形态，幼龄胡杨树的叶子是细长的，有点像柳树的叶子；青年胡杨树叶子是椭圆形的，类似榆树的叶子；老树的叶子像心形，边缘有缺口。胡杨树的幼苗，叶子一般都是细长形的，中老龄胡杨树上有三种形态的叶子共存。

（三）任务活动2　尘封千年的文明——黑城遗址

漫步黑城遗址，捡拾尘封千年的文明。

研学导师：“黑城遗址又名黑水城，位于内蒙古额济纳旗达来呼布镇东南25千米处，是古丝绸之路上现存最完整、规模最宏大的一座古城遗址。该城建于公元九世纪的西夏政权时期。公元 1372 年，明朝大将冯胜攻破黑城后，遭废弃。”

图 5–2　胡杨秋色

图 5–3　胡杨树叶子的三生三世

图 5–4　黑城遗址

黑城，蒙古语为哈日浩特，即“黑城”。现存城墙为元代扩筑而成。平面为长方形，周长约 1 千米，东西 434 米，南北 384 米，周围约 1600 米，最高达 10 米。东西两面开设城门，并加筑有瓮城。城墙西北角上保存有高约 13 米的覆钵式塔一座，城内的官署、府第、仓敖、佛寺、民居和街道遗迹仍依稀可辨。城外西南角有伊斯兰教拱北一座，巍然耸立于地表。（图 5–4）

城墙用黄土夯筑而成，残高约 9 米。城西北角建有一覆钵式喇嘛塔，原有的街道和主建筑依稀可辨，四周古河道和农田的残貌仍保持其轮廓，沙漠已经快将这里吞噬。黑城里面还埋藏有多少珍宝是一个未解之谜，但它给人类带来的思考绝不仅仅是珍宝……虽然黑城因水源枯竭，早在 14 世纪中期就已成为沙海中的孤城残址了，但两千年前开辟的丝绸之路的北线——居延北线，就从黑城附近通过，因而黑城仍有极高的考古价值。2001 年 6 月 25 日，黑城遗址作为夏至元时期建筑，被国务院批准列入第五批全国重点文物保护单位名单，归入居延遗址项中。

（四）任务活动 3　生命的延续——黑城怪树林

1. 研学导师讲解怪树林

怪树林在额济纳旗达来呼布镇西南 28 千米处，怪树林实际上是大片胡杨树枯死而形成的。（图 5–5）

图 5–5 怪树林

苍凉的“怪树林”，据说是黑将军及众将士不死的灵魂所在。相传，当年黑城有一位守将名哈拉巴特尔（即黑将军），此人英勇善战，威名远扬。后来，有大兵进犯攻城，并把河水截断。黑将军在既无援兵，又无饮水的困境中，率兵突围。出战前，黑将军将 70 多车金银财宝和一顶镇城之宝——西夏皇冠全部投入城内的枯井中。为了不使亲情骨肉遭受入侵者蹂躏，黑将军把自己的一双儿女推到井里，并封土填埋。黑将军带领士兵冲出城外，最后战死在离城西不远的怪树林。

2. 讨论“怪树林”形成的原因

胡杨是一种奇特的树种，生命力极强。近代以来，由于人类的不合理开发，极大地破坏了胡杨赖以生存的生态环境，特别是额济纳河断流，沿河两岸的大片胡杨林因缺水而枯死。由于胡杨特有的耐腐特性，使大片枯死的胡杨树干依然直立在戈壁荒漠之上，形成形态怪异的悲凉景观。

胡杨，在蒙古语中被称为“陶来”，是一种落叶乔木。其木质纤细柔软，树叶阔大清香，独具特色。胡杨耐旱又耐涝，生命力极其顽强，是自然界中罕见的树种之一。额济纳胡杨林区尤为珍贵，它是全球仅存的三处之一，且保护状况最佳。在这里，数百年高龄的胡杨依旧枝繁叶茂，矗立于大漠瀚海之中，尽显其独特魅力，是大自然赋予的奇迹。

胡杨是树木中起源最早的类群，被称为植物的“活化石”。一棵胡杨树的主根，可以穿越地层 100 多米，“生而不死一千年，死而不倒一千年，倒而不朽一千年”，是对胡杨最好的诠释。

3. 漫步胡杨林

漫步在浓郁的胡杨林中，仿佛进入神话般的仙境。茂密的胡杨千奇百怪，神态万般，或挺拔、或似苍龙腾越，令人惊喜不已，叹为观止。每到深秋，树叶金黄，矗立在沙海中的胡杨树更显得娇美动人，风光无限。

（五）任务活动 4　展示分享

（1）展示分享所拍的胡杨风景和千姿百态的胡杨枯树。

（2）朗诵分享即兴创作的诗词散文。

（六）任务活动 5　总结与拓展

1. 总结

“千年不死，千年不倒，千年不朽”，这是对胡杨魂的写照。胡杨魂代表的是一种坚韧不拔的精神。当我们看到胡杨遒劲有力的树干树枝，一种充满了历经岁月的沧桑感迎面而来，仿佛在叙述着对历史的见证，对肆虐风沙的不屈。而在建设祖国边疆中，无不是涌现了很多可歌可泣的英雄人物。他们在这片广袤的土地上扎根下来，挥洒着自己的血汗，使得边疆地区的面貌发生了日新月异的变化。这些建设者们所拥有的不就是胡杨的精神体现吗？胡杨精神，将作为我们成长过程中的鞭策力量。

2. 拓展

《站着等你三千年》

作词、作曲、演唱：王琪

我翻过了雪山来到了草原，只为在你出嫁前再看你一眼，
说好了要一起到海枯石烂，难道你忘了我们发过的誓言？
阿妈说我们就是缘分太浅，阿爸不说话抽了一夜的烟，
在你的毡房外我唱断了琴弦，看着你走远我把泪流干，
妹妹你要做一只绝情的雁，哥哥做胡杨等你三千年，
生也等你死也等你，等到地老天荒我的心不变，
妹妹我等你三年又三年，才知你去了个地方叫永远，
你说别等我、别等我，可我怎么忍心让你守着孤单。

3. 课程设计优化与实施

（1）阅读课程设计案例 1；

（2）对该课程活动设计进行优化改进；

（3）进行课程模拟实施；

（4）填写课程实施主要活动内容表并进行课程实施小结。

课程名称	
课程活动主要内容	
课程实施小结	

课程案例 2：探秘居延文化

一、课程载体

居延遗址，见图 5–6。

图 5–6　居延遗址

小资料

居延文化遗址

居延文化遗址分布在今内蒙古自治区额济纳旗和甘肃省金塔县的境内。

居延文化遗址指的是包括汉代张掖郡居延、肩水两都尉所辖边塞上的烽燧和塞墙等遗址在内的遗址群。边塞遗迹自东北斜向西南，全长约 250 千米，始建于汉武帝太初三年（公元前 102 年），废弃于东汉末年。这条防线是汉朝通往西域的交通要道和河西走廊的屏障，也起到了切断匈奴与羌联系的作用，在汉朝对匈奴的战略上具有特殊的意义。

1930 年，西北科学考察团曾对居延文化遗址做过考古调查，发现了 10000 多枚汉简。1972—1976 年，甘肃省居延考古队又对遗址做了复查，并发掘了破城子甲渠候官遗址、甲渠第四燧遗址和肩水金关遗址，新获汉简 20000 余枚。这三处是三个不同类型的烽燧遗址，通过这次的发掘，对汉代烽燧建筑的形制有了比较完整的认识。

破城子甲渠候官治所由鄣、坞两个部分筑成，都在遗址的西北部，是一个平面 23.3 米见方的小堡，鄣墙厚 4~4.5 米，用土坯垒砌而成，残高 4.6 米。鄣南为坞，坞的平面略近方形（47.5 米 ×45.5 米），坞墙厚 1.8~2 米，夯筑而成。坞门外有类似瓮城的曲壁。坞 3 米以内的地带埋有 4 排尖木桩，高出地面 0.33 米。鄣坞内建有房屋、灶和牲畜圈等。出土的文物十分丰富，有弓箭、铜镞、铁甲片等，还有铁农具、工具和各种生活用品。

甲渠第四隧，位于甲渠候官南 5 千米。烽台较大，残高 3.4 米，方锥体，夯土筑成。台基的每边长达 8 米左右，烽台的西南角有带烟囱的灶膛，应是在军情紧急的时候发布信号升“烟”用的装置。台南有坞，长 21 米、宽 15.2 米，坞内有住房 5 间，坞门向东。

肩水金关遗址是肩水候官所属的一座烽塞关城，分为两个部分。一部分是关门遗址，门洞宽 5 米，门两侧有夯土筑的长方形墩台，台内辟有居室和通向门楼的阶梯；另一部分是鄣坞，在关内的西南方。鄣在坞的西南角上，约 13 米见方，鄣的西北角上还建有一个 7.8 米见方的土台；坞约 35 米见方，规模比候官治所的鄣坞要小一些。出土遗物有刀、剑、镞等武器，还有大量的丝麻、毛、革制成的衣物鞋帽的残片，以及点燃烽火用的草苣，这些遗物都反映了当时的屯戍活动。

在居延文化遗址出土的汉简内容十分广泛，涉及汉代社会的政治、军事、经济、文化、科技、法律、哲学、宗教、民族等许多领域，它不仅记录了居延地区的屯戍活动，而且还保存了一批从西汉中期到东汉初年的官方文书，这些都是研究汉代历史的珍贵文献资料。

二、适用对象

初、高中学生。

三、课程目标

（一）情感目标

感受居延悠久的历史和灿烂的文化，激发学生的爱国主义热情。

（二）知识目标

（1）了解悠久的居延历史文化。

（2）认识居延文化所蕴含的历史价值和艺术价值。

（三）技能目标

（1）了解居延文化中的艺术特点。

（2）掌握最基础的居延汉简临摹技能。

四、课程内容

探秘沙漠湖泊——居延海，为沙漠之中独特的风景和其深厚的历史文化底蕴所震撼；书写居延汉简，了解汉代居延地区屯戍活动的兴衰。

五、课程时间长度

半天。

六、研学环境

居延海。

七、课程准备

（一）学生准备

（1）参与活动的热情。

（2）了解居延文化背景。

（3）对汉简有一定的了解。

（二）基地准备

（1）室内研学场地。

（2）准备汉简、画笔。

（3）一些临摹好的汉简成品。

八、课程实施过程

（一）课程导入

研学导师："居延文化遗址分布在甘肃省金塔县和内蒙古自治区额济纳旗境内，1988年1月被确定为国家级重点文物保护单位。在这一区域内，目前发现青铜时代遗址1处，不同历史时期的城址13座，墓葬区6处，汉代烽、燧118座，西夏至元代的庙宇10余处以及大片的屯田区和纵横曲折的河渠遗存等。下面我要问同学们两个小问题。

问题1："居延"名称因什么而来?

问题2：居延文化遗址中最大的发现是什么？"

（二）任务活动1　探秘沙漠湖泊——居延海

（1）参观游览居延海。

（2）亲密接近居延海鸥。

（3）研学导师讲解居延海。

我们现在到达的是范长江笔下描绘的额济纳旗，这里的旗府是达来呼布。从达来呼布镇驶向策克口岸，经过那棵神秘的神树后右转，便抵达了居延文化的摇篮——居延海（图5-7）。这片海域位于巴丹吉林沙漠的北缘，距离达来呼布镇仅40千米。

居延海，古弱水（即今之额济纳河）的终点，它接纳了源自祁连山的河水，蜿蜒穿越青、甘、内蒙古三省区，途经七个县市，最终汇入这片海洋，滋养出一片水草丰美、沃野千里的土地。这片湖泊占地逾200平方千米，曾是西北最大的水域之一。居延城、黑水城、绿城、大同城等古城均傍水而建，见证了这片土地的繁荣与变迁。秦汉时期，匈奴的居延部落在此游牧，因此得名"居延泽"。随着历史的演进，它的名字也几经变更，魏晋时称为“西海”，唐朝后则定名为“居延海”。王维、陈子昂、岑参等诗人曾在此留下千古传颂的诗篇。

图 5–7 居延海

居延海如一面巨大的镜子，波光闪烁，天水相接，展现出浩渺无垠的气象。对于额济纳旗人来说，居延海是他们心中的骄傲，每当提及，都满怀自豪。然而，由于过度砍伐和上游来水减少，这片海洋曾一度干涸，西居延海在 1961 年、东居延海在 1992 年都失去了生机。阿拉善地区的沙漠迅速扩张，三大沙漠开始交汇。曾经波涛汹涌的居延海，变成了人们心中的遗憾和回忆。幸运的是，近年来黑河分水力度的加大为居延海带来了新生。东居延海重新注入了生机，西居延海和天鹅湖也恢复了往日的波光。沿途，我们见证了黄沙、白水、红柽柳、绿芦苇交织出的美丽画卷，为额济纳旗绿洲增添了无尽魅力。

站在居延海边，波涛汹涌的景象令人心潮澎湃。唐朝诗人胡曾的诗句在脑海中回荡：“漠漠平沙际云天，问人云此是居延。停骖一顾犹断魂，苏武争禁十九年……”每次来到这里，都有新的感悟。居延海的每一道水波都闪烁着灵性的光泽，充满了生机与活力。这片海洋不仅是额济纳旗人的骄傲，更是西部文化的象征，它承载着苏武牧羊的历史记忆，也让我们感受到了霍去病、卫青当年的英勇与壮志。湖面上飘荡着西部边塞诗的韵律，让人们深刻体验到居延文化的深厚底蕴和西部精神的坚韧不拔。

（三）任务活动 2 书写居延汉简

（1）研学导师讲解居延汉简。

1927 年 5 月 9 日，从北京西直门火车站驶出的一列专列，载着徐炳昶、袁复礼、黄文弼、丁道衡等中国学者与瑞典著名探险家、地理学家斯文·赫定，他们共同组成了西北科学考察团，踏上了长达八年的旅程。这次旅程的主要任务是，为德国汉莎航空公司开辟一条经过新疆至内地的航线，搜集必要的气象资料。因此，斯文·赫定选定的路线是从北京西直门乘火车至包头，然后组织驼队，沿着古老的居延古道向西进发。

除了众所周知的丝绸之路外，居延古道是另一条连接中原与西域的重要通道，它沿阴山南北延伸，穿越茫茫戈壁，直至天山南北麓。这条古道在汉代至唐代期间，发挥了重要的交通作用。

考察团在百灵庙短暂停留后，于 1927 年 9 月抵达额济纳河畔。额济纳河，这条源自青海，穿越河西走廊，最终注入居延海的古老河流，在《水经注》中被称为弱水流沙。曹丕曾以诗赞美其潺潺流水与翩翩落叶的美景。

在额济纳河畔的内蒙古草原，地势平坦，河水散漫，不仅形成了东西两条支流，还滋润出一片扇形的沙海绿洲。考察团在此建立了中国首个有人值守的气象站，并专注于气象、地质和地理的研究。更为惊人的是，在这片如诗如画的居延海地区，一批埋藏了两千多年的汉代书简意外地被发掘出来。

1930 年，由中瑞等国科学家组成的西北科学考察团在内蒙古居延地区一次性发掘出土汉简一万余枚，这一发现震惊了全球，与殷墟甲骨、敦煌遗书、故宫内阁大库档案并列为 20 世纪中国文化史上的四大重要发现。42 年后，中国考古界再次在居延地区进行了四年的深入考察，发掘出汉简两万余枚，这是我国历史上简牍出土数量最多的一次，被誉为世界文化史上的重大事件，“居延汉简”也因此成为考古界瞩目的焦点。（图 5–8）

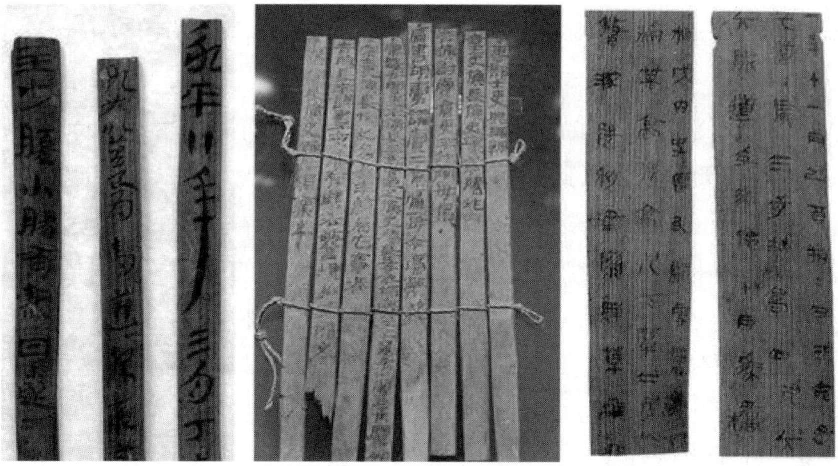

图 5–8　居延汉简

（2）组织大家观看学习已经临摹好的作品。

组织大家观看学习已经临摹好的作品，老师讲解临摹的技巧和方法。

（3）老师现场演示。

（4）学生现场临摹。

学生书写居延汉简，如图 5–9 所示。

图 5–9 学生书写居延汉简

（四）任务活动 3 展示分享

（1）将书写的汉简作品进行展示评价，评比出 5 名优秀作品，颁发证书及奖品。

（2）选出 3~5 名同学，谈谈本次研学的收获与感受。

（五）任务活动 4 总结与拓展

1. 总结

居延文化遗址，沧桑岁月的无声守望，堪称是中华民族历史上留下辉煌篇章的“大漠明珠”。但就是这样的一个古代文化地区，由于地处西北内陆，常年干旱缺水，造成生态环境逐年恶化，大量的、大面积的古文化遗存时刻面临着被沙漠吞噬的威胁。保护居延文化遗址，责任和意义重大。

2. 拓展

沙漠古城

西夏（1038—1227 年）至元代（1271—1368 年）是居延地区继两汉（前 202 年—8 年，25 年—220 年）后又一个重要发展时期。西夏在居延设立了黑水镇燕军司，即黑水城（黑城遗址），继续同西域乃至遥远的欧亚大陆保持密切联系。元代（1271—1368 年）时期，意大利旅行家马可·波罗就是从西域经过黑水城（黑城遗址）到达上都城，他的行记里说这里的城叫“亦集乃”（即额济纳旗）。亦集乃路总管府的治所就建在西夏黑水城之中，其城址在原有基础上扩建，形成黑城遗址的规模。西夏（1038—1227 年）和元代时期，居延地区的农业非常发达，留下了较多的农田和河渠遗址，宗教也有了较大发展，寺庙、佛塔等宗教建筑，随处可见。

东归文化

土尔扈特人东归是居延地区历史上一个重要事件。清康熙三十七年（1698 年），徙居伏尔加河地区的土尔扈特部 500 余人，在阿拉布珠尔的带领下返回中国。雍正九年（1731 年），额济纳河流域被划为土尔扈特部驻牧地。乾隆年间，4 万余土尔扈特人在渥巴锡汗的带领下到达新疆伊犁，伊犁河到额济纳旗一带成为土尔扈特部驻牧地。

任务评价

自我评价：针对本篇任务的学习情况，进行自我评价。

学生姓名：　　年级：　　专业：　　班级：　　评价时间：　　年　　月　　日

评价类型	评价内容	评价结果				
		10 分	8 分	6 分	4 分	2 分
习惯养成	态度积极，遵守纪律，自觉探究					
	独立自主，帮助他人，协作友爱					
情感养成	人文科学素养提升，求知求实，态度积极					
	团队意识、爱国意识、心理品质提高					
能力养成	按课程要求完成学习任务情况					
	学习能力与专业技能提升情况					
	综合运用知识解决问题、实践创新情况					
知识学习	人文、自然、社会知识学习情况					
	课外知识拓展及科学原理理解学习情况					
	书本知识在生产生活中的应用了解情况					
自评得分						
需要提高改进的方面						

第六篇

非遗传承弘国粹

非物质文化遗产是珍贵的、具有重要价值的文化信息资源，也是历史的真实见证。保护和利用好非物质文化遗产，对于实现可持续的经济、文化全面协调发展意义重大。非物质文化遗产是各族人民世代相承、与群众生活密切相关的各种传统文化表现形式和文化空间。保护非物质文化遗产，保持民族文化的传承，是连接民族情感纽带，增进民族团结和维护世界文化多样性和创造性，促进人类共同发展的前提。

任务　非遗传承

任务导入

文化和旅游部关于印发《"十四五"非物质文化遗产保护规划》的通知指出：非遗是中华优秀传统文化的重要组成部分。保护好、传承好、弘扬好非遗，对于延续历史文脉、坚定文化自信、推动文明交流互鉴、建设社会主义文化强国具有重要意义。

非物质文化遗产既是历史发展的见证，又是珍贵的、具有重要价值的文化资源。保护和利用好我国非物质文化遗产，对落实科学发展观，实现经济社会的全面、协调、可持续发展具有重要意义。加强非物质文化遗产保护，不仅是国家和民族发展的需要，也是国际社会文明对话和人类社会可持续发展的必然要求，是提高国家软实力，践行文化自信的重要体现，也是达成经济效益和社会效益双丰收的重要途径。

任务目标

☆**知识目标**

1. 精准掌握酒泉市域内体验类研学资源的类型及核心内容，明确其在研学旅行中的教育意义和应用场景；

2. 系统了解研学旅行服务项目的关键构成，能够根据研学主题与对象，合理设计并优化研学旅行方案；

3. 深入熟悉研学服务项目的全流程管理，提升研学活动教育效果与服务质量。

☆**能力目标**

1. 自主发掘并整合酒泉市域内体验类研学资源，准确评估其教育价值，并灵活应用于研学实践；

2. 具备研学旅行项目的创新设计与优化能力，满足不同研学需求；

3. 熟练执行研学服务项目流程，高效提供优质服务。

☆**素质目标**

1. 培养学生对研学资源的敏锐洞察力和整合能力，形成专业的研学旅行项目设计与优化素养；

2. 锤炼学生按流程操作、注重质量的实践能力和严谨作风；

3. 塑造学生高度的服务意识和职业责任感，为研学旅行行业的稳健发展奠定坚实基础。

任务学习

研学旅行服务项目

（一）教育服务

1. 教育服务项目

（1）健身项目：以培养学生生存能力和适应能力为主要目的的服务项目。如徒步、挑战、露营、拓展、生存与自救训练等。

（2）健手项目：以培养学生自理能力和动手能力为主要目的的服务项目。如综合实践、生活体验训练、内务整理、手工制作等项目。

（3）健脑项目：以培养学生观察能力和学习能力为主要目的的服务项目。如各类参观、游览、讲座、诵读、阅读等。

（4）健心项目：以培养学生的情感能力和践行能力为主要目的的服务项目。如思想品德养成教育活动以及团队游戏、情感互动、才艺展示等。

2. 教育服务流程

（1）在出行前，指导学生做好准备工作。如阅读相关书籍、查阅相关资料、制订学习计划等。

（2）在旅行过程中，组织学生参与教育活动项目，指导学生撰写研学日记或调查报告。

（3）在旅行结束后，组织学生分享心得体会。如组织征文展示、分享交流会等。

3. 教育服务设施及教材

（1）应设计不同学龄段学生使用的研学旅行教材。如研学旅行知识读本。

（2）应根据研学旅行教育服务计划，配备相应的辅助设施。如电脑、多媒体、各类体验教育设施或教具等。

4. 研学旅行教育服务人员配置

研学旅行教育服务应有研学导师主导实施，由导游员和带队老师等共同配合完成。

5. 应建立教育服务评价机制

对教育服务效果进行评价，持续改进教育服务。

（二）交通服务

（1）应按照以下要求选择交通方式。

①单次路程在400千米以上的，不宜选择汽车，应优先选择铁路、航空等交通方式。

②选择水运交通方式的，水运交通工具应符合《水路客运服务质量要求》（GB/T 16890—2008）的要求，不宜选择木船、划艇、快艇。

③选择汽车客运交通方式的，行驶道路不宜低于省级公路等级，驾驶人连续驾车不得超过2小时，停车休息时间不得少于20分钟。

（2）应提前告知学生及家长相关交通信息，以便其掌握乘坐交通工具的类型、时间、地点以及需准备的有关证件。

（3）宜提前与相应交通部门取得工作联系，组织绿色通道或开辟专门的候乘区域。

（4）应加强交通服务环节的安全防范，向学生宣讲交通安全知识和紧急疏散要求，组织学生安全有序乘坐交通工具。

（5）应在承运全程随机开展安全巡查工作，并在学生上、下交通工具时清点人数，防范出现滞留或走失。

（6）遭遇恶劣天气时，应认真研判安全风险，及时调整研学旅行行程和交通方式。

（三）住宿服务

（1）应以安全、卫生和舒适为基本要求，提前对住宿营地进行实地考察，具体要求如下。

①应便于集中管理。

②应方便承运汽车安全进出、停靠。

③应有健全的公共信息导向标识，并符合《公共信息图形符号》（GB/T 10001）的要求。

④应有安全逃生通道。

（2）应提前将住宿营地相关信息告知学生和家长，以便做好相关准备工作。

（3）应详细告知学生入住注意事项，宣讲住宿安全知识，带领学生熟悉逃生通道。

（4）应在学生入住后及时进行首次查房，帮助学生熟悉房间设施，解决相关问题。

（5）宜安排男、女学生分区（片）住宿，女生片区管理员应为女性。

（6）应制定住宿安全管理制度，开展巡查、夜查工作。

（7）选择在露营地住宿时，还应达到以下要求。

①露营地应符合《休闲露营地建设与服务规范》（GB/T 31710.1—2015）的要求。

②应在实地考察的基础上，对露营地进行安全评估，并充分评价露营接待条件、周边环境和可能发生的自然灾害对学生造成的影响。

③应制定露营安全防控专项措施，加强值班、巡查和夜查工作。

（四）餐饮服务

（1）应以食品卫生安全为前提，选择餐饮服务提供方。

（2）应提前制定就餐座次表，组织学生有序进餐。

（3）应督促餐饮服务提供方按照有关规定，做好食品留样工作。

（4）应在学生用餐时做好巡查工作，确保餐饮服务质量。

（五）导游讲解服务

（1）导游讲解服务应符合《导游服务规范》（GB/T 15971—2010）的要求。

（2）应将安全知识、文明礼仪作为导游讲解服务的重要内容，随时提醒引导学生安全旅游、文明旅游。

（3）应结合教育服务要求，提供有针对性、互动性、趣味性、启发性和引导性的讲解服务。

（六）医疗及救助服务

（1）应提前调研和掌握研学营地周边的医疗及救助资源状况。

（2）学生生病或受伤，应及时送往医院或急救中心治疗，妥善保管就诊医疗记录。返程后，应将就诊医疗记录复印并转交家长或带队老师。

（3）宜聘请具有职业资格的医护人员随团提供医疗及救助服务。

讨论与交流

1. 查阅资料，谈谈发达国家的中小学研学旅行的发展状况是怎样的。

2. 以地方为例，谈谈研学旅行产业发展的未来趋势是怎样的。

任务活动

1. 研学资源调查：根据下表分类，对肃北县及阿克塞县的研学资源进行分类调查并进行分析。

目的地名称	肃北县、阿克塞县
地理类研学资源概况	
自然类研学资源概况	
历史类研学资源概况	
科技类研学资源概况	
人文类研学资源概况	
体验类研学资源概况	
最具研学价值和意义的资源类型	

2. 研学课程设计：选定以上调查中的一个资源类型和载体，依托该研学资源特色，完成下表中研学课程设计内容。

资源载体（单位）		
课程名称		
适用对象（年龄学段）		
课程目标	情感目标	
	能力目标	
	知识目标	
课程时间长度		
任务活动设计		

3. 课程案例阅读：阅读课程设计案例 1，了解并熟悉研学课程设计的基本要素，指出该课程设计中存在的不足，并提出一些修改意见。

课程设计中存在的不足和问题	
课程设计修改意见	

课程设计案例 1：历史的回声·黄土的见证——泥板画创作

一、课程载体

非物质文化遗产——敦煌彩塑技艺传习所，见图 6-1。

图 6-1　敦煌彩塑技艺传习所

小资料

非物质文化遗产

根据联合国教科文组织的《保护非物质文化遗产公约》定义，“非物质文化遗产”指被各群体、团体、有时为个人所视为其文化遗产的各种实践、表演、表现形式、知识和技能及其有关的工具、实物、工艺品和文化场所。“非物质文化遗产”包括以下这几方面。口头传说和表述，包括作为非物质文化遗产媒介的语言；表演艺术；社会风俗、仪式、节庆；有关自然界和宇宙的知识和实践；传统的手工艺技能。

根据《中华人民共和国非物质文化遗产法》规定：非物质文化遗产是指各族人民世代相传并视为其文化遗产组成部分的各种传统文化表现形式，以及与传统文化表现形式相关的实物和场所。包括：传统口头文学以及作为其载体的语言；传统美术、书法、音乐、舞蹈、戏剧、曲艺和杂技；传统技艺、医药和历法；传统礼仪、节庆等民俗；传统体育和游艺；其他非物质文化遗产。

泥板画基本工具材料

墨汁、毛笔（人手一套），笔帘，笔洗，白瓷盘，国画颜料，范本，白乳胶，画板，复写纸，纸胶带，圆珠笔，画稿，白色水粉颜料，澄板土，羊毛刷，塑料盆（8寸）。

泥板画基本技法

1. 制作泥底

调泥：提前将澄板土碾碎，浸泡至水中3小时以上，等待澄板土完全沉淀至水下，倒掉表面的清水。在沉淀后的澄板土中，加入少量白乳胶和白色水粉颜料搅拌均匀。

刷泥底：为了防止泥底晾干后脱落，需要将光滑的画板表面打磨粗糙；然后将之前调好的泥用羊毛刷均匀的刷至表面，待一层刷好后晾至半干状态，再刷第二层（可根据厚度反复刷2~3层）；刷好后，待至完全干透。

2. 复刻，拷贝

拷贝：将复写纸放置泥板上面，再将底稿放置复写纸上面，将复写纸和底稿一并固定在泥板上，用圆珠笔将线条拷贝至泥板上。这一步也是为下一步勾线和敷色打下坚实准确的造型基础。

3. 起稿

用勾线笔绘制线条，用熟褐色加赭石色调至一定的浓度勾勒线条，注意掌握线条颜色的浓度。

4. 敷色

使用毛笔和国画颜料给底稿上色。敷色时，需掌握笔法和颜色的使用技法。

二、适用对象

小学及以上年级学生。

三、课程目标

（一）情感目标

领略古代匠人高超的壁画艺术展现技艺，感受敦煌壁画的艺术魅力，深刻认识敦煌非物质文化遗产保护和传承的重要性。

（二）知识目标

（1）了解莫高窟壁画文化。

（2）了解莫高窟壁画中所表现的故事。

（3）了解泥板画的基本知识。

（三）技能目标

（1）了解泥板画制作的工艺过程。

（2）通过制作板画，体验敦煌壁画的表现技法。

（3）培养“敦煌工匠”精神。

四、课程内容

参观非物质文化遗产敦煌彩塑技艺传习所；体验泥板制作：从开始、备料和泥、整平打磨，再到刷底泥、勾线上色、做旧完成。在复原壁画原理的泥板上，用最原始的技法，再现千年之前莫高窟壁画的精髓。

五、课程时间长度

半天。

六、研学环境

非物质文化遗产——敦煌彩塑技艺传习所。

七、课程准备

（一）学生准备

（1）放飞的心、发现美的眼睛、想象的翅膀。

（2）对敦煌莫高窟文化的初步了解。

（二）基地准备

（1）画材：墨汁、毛笔（人手一套），笔帘，笔洗，白瓷盘，国画颜料，范本，白乳胶，画板，复写纸，纸胶带，圆珠笔，画稿，白色水粉颜料，澄板土，羊毛刷，塑料盆（8寸）。

（2）画凳、围裙。

八、课程实施过程

（一）课程导入

研学导师：“敦煌壁画特指中国敦煌石窟内壁的绘画艺术作品，属于世界文化遗产。敦煌壁画总面积5万多平方米，包括敦煌莫高窟、西千佛洞、安西榆林窟等522个石窟历代壁画，规模巨大，技艺精湛，内容丰富，题材广泛。下面我问同学们两个问题。

问题1：我国著名的四大石窟指哪些？分别位于哪里？

问题2：你能说说你所知道的非物质文化遗产有哪些？”

（二）任务活动1　做非遗的保护者和传承人

1. 非物质文化遗产——敦煌彩塑技艺传习所

非物质文化遗产——敦煌彩塑技艺传习所，是非物质文化遗产敦煌彩塑技艺第三代传承人杜鑫老师的操作间，是酒泉职业技术学院旅游与烹饪学院的教学和实训地点，也是酒泉职业技术学院传承非物质文化的主要阵地。在传习所内，将莫高窟以及它的姊妹窟榆林窟中最具代表性的壁画及雕塑按照1:1比例复制临摹，还陈列了以敦煌文化为主题的各类文创产品。

2. 参观传习所，了解敦煌彩塑的制作技艺（图6–2）

图6–2　研学导师讲解敦煌彩塑技艺

敦煌彩塑分布在以莫高窟为中心的周边地区，上下1500余年，其保存历代彩塑之多，技艺之精，为世所罕见。石窟造像源于摩崖石刻，敦煌石窟因岩质不适合雕刻，古代匠师因地制宜，在传统泥塑的基础上，吸收并融汇了印度、西域的造像形式、技法等，从而发展出了具有地方特色的敷彩泥塑。经过代代传承，将这门古老技艺发挥到了极高的水平并延续至今。彩塑技艺主要以民间庙宇神像为载体，传承于河西走廊，其技艺内容主要体现在骨架、制泥、塑造、敷彩四个方面。由于塑造方法独特，作品坚固耐久，虽然敦煌的风沙强暴、温差很大，但是莫高窟很多作品却千年如新，与其特殊工艺不无关系。这是数代敦煌工匠在长期不懈的创作实践中积淀的宝贵经验。

莫高窟的432窟，是西魏时期佛教艺术的瑰宝。这座洞窟以其中心柱四面龛的独特布局，展示了古代匠人的精湛技艺和卓越智慧。洞窟内，四面龛内均设有佛和菩萨的彩塑造像，这些造像栩栩如生，线条流畅，体现了古代艺术家对佛教文化的深刻理解和对人物形象的精细刻画。中心柱的左、右、后三面，上下层佛龛内均供奉着佛像，上层龛中的一佛四菩萨与下层龛的一佛二菩萨，形成了错落有致的布局，增添了洞窟的层次感和神秘感。佛祖身着僧祇支，外披汉式对襟袈裟，服饰上的衣纹细腻而富有变化，随着佛祖的肢体起伏而流动，仿佛具有生命力一般，令人叹为观止。432窟的彩塑和壁画不仅展示了古代艺术家的高超技艺，更传递了佛教文化的深邃内涵和人文情怀。这座洞窟是莫高窟中不可多得的精品之一，也是研究古代佛教艺术和敦煌文化的重要实物资料，（图6–3）中心柱窟在敦煌早期洞窟中占有重要地位，与其他壁画、彩塑，共同营造出一种整体的空间氛围。

榆林窟第25窟为吐蕃统治敦煌时期的代表性洞窟，其南壁观无量寿经变是依据《观无量寿经》绘制，中间为观无量寿经变的主体部分——极乐世界。极乐世界中部为七宝池中的露天殿堂，无量寿佛结跏趺坐于金刚宝座上，施无畏印，肃穆庄严，头顶上罩着华丽的宝盖和幡幢，上方飞天撒花飞舞，观音菩萨和大势至菩萨分坐左右，供养菩萨四面环绕。七宝池殿前的平台上乐队成八字形座，吹奏着不同的乐器，他们手中的乐器，主要有海螺、筚篥、笙、琵琶、洞箫、笛、排箫、拍板，中间一伎乐人肩挂腰鼓，伸双臂，撇手指，提左腿作击鼓腾跳之姿，造型略显肥胖，但动作轻捷并不笨拙。旁边有迦陵频伽鸟拨奏五弦应和。七宝池中，几身莲花童子在嬉戏打闹。有的莲花童子在捉鸭子；有一莲花童子一头钻进水里，露着屁股；另一个童子在张望神情紧张；还有莲花化生童子双手合十，等待花开，是下辈生想观的命运（图6–4）。

图 6-3 莫高窟 432 窟的中心塔柱造像

大殿后面是亭台楼阁，主要有极乐世界的神鸟，回廊里，左边是白鹤展开双翅，嘴里好像发出美妙的声音，迦陵频伽人身鸟尾，双手弄拍板展翅而舞，尾如卷云或漩涡。回廊右边，共鸣鸟一身两头，弹凤首一弦琴，展翅而舞；孔雀轻歌曼舞、展翅回首，还有翩翩起舞的鹦鹉。它们是能为人言而美丽的祥鸟，它们的声音能增进人们善德的力量，促进人们早日进入想象的幸福世界。这幅经变画虽是描写极乐世界的歌舞场面，却以人间豪华的宫廷建筑景物为蓝本，既有亭台楼阁，又有平台宝池，显得宏伟壮丽。

现在展现在我们眼前的是一幅用泥皮精心制作的水月观音图画，它融合了多种元素，包括寓意深远的说法图、生动形象的狩鹿图以及充满人文气息的壁画。特别引人注目的是，图中描绘了一幅秋收的热闹场面。画面中，一名男子头戴斗笠，身着长袍，他双手稳稳地扶着犁，正在辛勤地犁地。在他的牵引下，一黑一黄两头体格健壮的耕牛拉着木犁在泥土中稳步前行。整幅画面充满了生活的气息，展现了农民们秋收的辛勤与喜悦。男子身后有一位妇女正在往犁过的地里播撒种子，这就是中国传统的所谓“二牛抬扛”的农作方式。侧面的一位男子站立着用镰刀正在收割庄稼，旁边一位男子手持木叉正在扬场，一位妇女正在用扫把扫麦堆上的柴草。妇女身后有一位僧人正在为一俗人讲

经。整个画面充满了浓郁的生活气息，是表现唐代农业生产生活的珍贵资料。（图 6–5）

图 6–4 《观无量寿经变之乐队—中唐》

图 6–5 榆林窟第 25 窟北壁《弥勒经变 · 耕获图》

3. 敦煌壁画故事——《九色鹿舍己救人》

鹿王本生故事见于《九色鹿经》，据说在印度恒河岸边有一鹿王，身毛九色，角白如雪。一日，鹿王见一男子随流而下，遂不顾性命，跳入河中，救下男子。男子得救后千恩万谢，说愿为鹿王作奴供养，并答应永不宣泄鹿王之处所。时国王夫人，夜梦九色鹿，欲得皮角，以为己用。国王即募国中，得九色鹿者，当与其分国而治。男子闻王募重，心生恶念，将鹿王处所告之于王。于是男子面上即生癞疮。在男子的引导下，国王率大军，至恒水边，扑杀鹿王。鹿王向国王陈述搭救男子之经过，国王深为感动，斥责男子恩将仇报，并下令国中人民今后不得逐扰此鹿。

从印度到敦煌，九色鹿本身就是一个家喻户晓的故事。画面采用连环画的形式从两端向中间发展，并将故事的高潮，即国王与鹿王对话的场面放置在画面的中央。（图6–6）

图 6–6 敦煌壁画——《九色鹿经图》

（三）任务活动 2 历史的回声，黄土的见证——泥板画创作

1. 老师讲解

老师讲解和示范泥板画的制作流程。

2. 泥板画创作

（1）制作泥底。

调泥：提前将澄板土碾碎，浸泡至水中 3 小时以上。等待澄板土完全沉淀至底，倒掉表面的清水。在沉淀后的澄板土中加入少量白乳胶和白色水粉颜料搅拌均匀。（图 6–7）

刷泥底：为了防止泥底晾干后脱落，需要将光滑的画板表面打磨粗糙；然后将之前调好的泥用羊毛刷均匀地刷至表面，待一层刷好后晾至半干状态，再刷第二层（可根据厚度反复刷 2~3 层）；刷好后，待至完全干透。（图 6–8）

图 6–7　调泥

图 6–8　刷泥底

（2）复刻，拷贝。

拷贝：将复写纸放置在泥板上面，再将底稿放置在复写纸上面，将复写纸和底稿一并固定在泥板上，用圆珠笔将线条拷贝至泥板上。这一步也是为下一步勾线和敷色打下坚实准确的造型基础。

注：在授课过程中，以上（1）（2）两个步骤由老师演示操作讲授，制作泥底，复制，拷贝过程在基地提前完成。

（3）起稿。

勾线：用勾线笔绘制线条，用熟褐色加赭石色调至一定的浓度勾勒线条，注意掌握线条颜色的浓度。（图 6–9）

（4）敷色。

敷色：使用毛笔和国画颜料给底稿上色，敷色时需掌握笔法和颜色的使用技法。

注：第（3）（4）步骤的绘制过程，先由老师示范后再由学生独立完成。学生绘制过程中全程由老师巡回指导。

（四）任务活动 3　展示分享

（1）泥板画展。（图 6–10）

图 6–9　勾线

（2）各组推荐 1 名同学谈谈自己的认知感受，并颁发纪念品。

（3）评出 10 名创意奖获得者，颁发证书及奖品。

图 6–10　泥板画作品

（五）任务活动 4　总结与拓展

1. 总结

莫高窟被誉为人类的莫高窟，是人类文化史上一颗璀璨的明珠，彩塑和壁画更是莫高窟文化的精髓。通过本次研学活动，让我们更好地了解敦煌文化，了解敦煌的彩塑和壁画。敦煌彩塑作为非物质文化遗产省级保护项目，我们有责任、有义务保护这门传承了一千多年的、几近濒危的古老技艺，并使其发扬光大，让“敦煌工匠”植根于我们的内心深处。

2. 拓展

敦煌壁画故事

敦煌壁画故事一般有以下五类。

佛传故事：主要宣扬释迦牟尼的生平事迹。其中，许多是古印度的神话故事和民间传说，佛教徒经过若干世纪的加工修饰，附会在释迦牟尼身上。一般画“乘象入胎”“夜半逾城”的场面较多。第 290 窟（北周）的佛传故事作横卷式六条并列，用顺序式结构绘制，共 87 个情节的佛传故事画，描绘了释迦牟尼从出生到出家之间的全部情节。这样的鸿篇巨制连环画，在我国佛教故事画中是罕见的。

本生故事画：描绘释迦牟尼生前的各种善行，宣传“因果报应”“苦修行善”的生动故事。也是敦煌早期壁画中广泛流行的题材。如“萨捶那舍身饲虎”“尸毗王割肉救鸽”“九色鹿舍己救人”“须阁提割肉奉亲”等。虽然都打上了宗教的烙印，但仍保持着神话、童话、民间故事的本色。

因缘故事画：这是佛门弟子、善男信女和释迦牟尼度化众生的故事。与本生故事的区别是，本生只讲释迦牟尼生前的故事；而因缘则讲佛门弟子、善男信女的前世或今世之事。壁画中的主要故事有“五百强盗成佛”“善友太子入海取宝”等。故事内容离奇，情节曲折，颇有戏剧性。

佛教史迹故事画：是指根据史籍记载画成的故事，包括佛教圣迹、感应故事、高僧事迹、瑞像图、戒律画等。包含着历史人物、历史事件，是形象的佛教史资料。这类画多绘于洞窟龛内四披、甬道顶部和角落处次要地方。但有的也绘于正面墙壁，如第 323 窟的“张骞出使西域图”“佛图澄”和第 72 窟的“刘萨诃”等。

比喻故事画：这是释迦牟尼深入浅出、通俗易懂地给佛门弟子、善男信女讲解佛教教义所列举的故事。这些故事大都是古印度和东南亚地区的寓言、童话，被佛教徒收集记录在佛经里，保存至今。敦煌壁画中的比喻故事有“象护与金象”“金毛狮子”等。

3. 课程设计优化与实施

（1）阅读课程设计案例 1；

（2）对该课程活动设计进行优化改进；

（3）进行课程模拟实施；

（4）填写课程实施主要活动内容表并进行课程实施小结。

课程名称	
课程活动主要内容	
课程实施小结	

课程设计案例 2：敦煌汉简

一、课程载体

非物质文化遗产——敦煌彩塑技艺传习所，见图 6-11。

图 6-11 敦煌彩塑技艺传习所

小资料

敦煌汉简

甘肃省敦煌市及其周边地区，汉代烽燧遗址如同一座座沉默的历史宝库，它们悄然守护着一段段尘封的记忆。在这些遗址中，共发掘出九批珍贵的汉简，总计超过 25000 枚。这些汉简中，以在敦煌郡范围内发现的时间最早、数量最为繁多，因此被称为敦煌汉简。它们的年代跨越了自西汉武帝末年直至东汉中期的漫长岁月，其中尤以西汉中晚期及东汉早期的简牍为主，为我们展现了一个时代的风貌与变迁。

敦煌汉简的形制，与居延汉简有着异曲同工之妙，它们主要包括简、牍、觚、揭、封检等多种形式。这些简牍之中，官、私文书占据了绝大多数。官文书内容丰富，涵盖了诏书律令、雨法文书、契约、符传、例行公文以及各式簿籍，它们如同一部部历史的百科全书，为我们揭示了汉代社会的政治、经济、法律等多个方面的细节。每一枚敦煌汉简，都是一段历史的见证，它们用墨迹诉说着古人的智慧与情感。通过它们，我们可以穿越时空，回到那个遥远的年代，感受那个时代的风云变幻。敦煌汉简不仅是我们研究汉代历史的重要资料，更是我们了解古代社会生活的宝贵财富。它让我们更加深刻地认识到，历史并不是遥不可及的过去，而是与我们息息相关的现在和未来。

二、适用对象

中、小学生。

三、课程目标

（一）情感目标

了解敦煌汉简的艺术精髓，领略古代祖先超群的书写技艺和精湛的保存技术，感受敦煌汉简的艺术魅力，深刻认识敦煌文化保护和传承的重要性。

（二）知识目标

（1）了解敦煌汉简文化。

（2）领略敦煌汉简中所表现的技艺。

（3）了解敦煌汉简的相关知识。

（三）技能目标

（1）掌握简书的基本制作方法。

（2）通过书写简书，体验敦煌汉简的书写技巧。

（3）培养“敦煌工匠”精神。

四、课程内容

（1）做敦煌汉简的保护者和传承人。

（2）敦煌汉简书写体验。

五、课程时间长度

3 小时。

六、研学环境

非物质文化遗产——敦煌彩塑技艺传习所。

七、课程准备

（一）学生准备

（1）放飞的心、发现美的眼睛、想象的翅膀。

（2）对敦煌汉简文化的了解与认知。

（二）基地准备

（1）墨汁、折页、毛笔、白瓷盘、笔洗。

（2）画凳，围裙。

八、课程实施过程

（一）课程导入

研学导师：“这里出土的汉简有明确纪年的11枚，从汉武帝太始元年（公元前96年）开始，一直延续到东汉章帝元和四年（公元87年）。这些简文记载了汉武帝元鼎六年以后到汉昭帝时期的文书，小方盘城中驻扎有玉门都尉府、玉门侯官、大煎都亭、玉门关4个单位，而且这里有比较完备的军事建制。下面我要问同学们两个问题。

问题1：你们知道敦煌汉简是什么吗？

问题2：你是否书写过敦煌汉简？”

（二）任务活动1　汉简欣赏

敦煌汉简内容十分丰富。敦煌位于河西走廊的最西端，作为历代军事要塞，内容自然多与戍边有关。敦煌汉简的草书为章草，其字婉转自如，流畅奔放，为开后世狂草体势奠定了基础。目前，考古发现的简牍有楚简、秦简、汉简、三国吴简、晋简等。据不完全统计，全国各地发现的简牍数量约30万枚。图6-12为敦煌汉简。

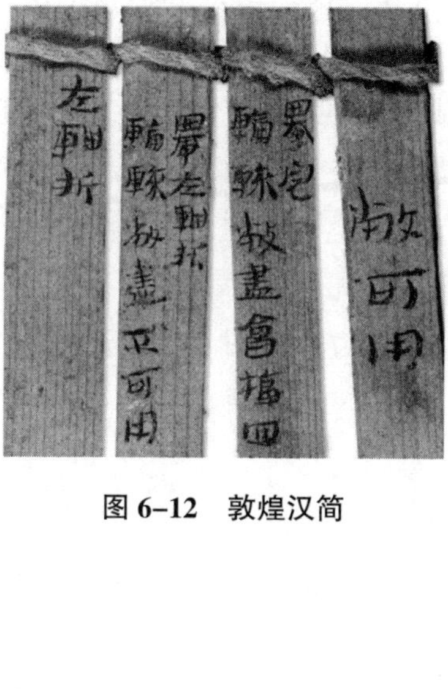

图6-12　敦煌汉简

（三）任务活动 2　认识汉简

1. 笔法

笔法包括横、竖、撇、捺、点、折、钩。

2. 结构

（1）结构，就是汉字内部构件的组合布局状况和整体体势。

（2）结体，是指笔画要摆布均匀，达到整体和谐美观，有些左右结构、上下结构的合体字，各部分的部件大小相差不大。

（3）布白，指字的点画空间布局以及各个单字之间和各行之间的空间布置安排。

（4）重心，有的独体字字形基本呈中心对称式的，横、竖对称轴的交叉点就是该字的重心。

3. 章法

章法是书法中不可缺少的要素之一，书法章法在各个阶段都不尽相同，变化多端，富有自己独具的特色。

（四）任务活动 3　汉简书写示范与练习

以折页为书写载体，由导师讲解敦煌书法的特点以及书写方法并进行示范，同学们根据导师所发的素材为临摹对象，进行书写。

1. 握笔方法示范

通过示范握笔方法，让孩子们掌握正确的握笔姿势。

（1）确定书写的方向。

古人以右为尊，汉字书写的自上而下、自右而左，也反映了古人的尊卑思想。古代，上为君，为父母；下为臣，为子女；右为大，左为小。

（2）握笔方法。

在握笔时，我们通常采用五指执笔法。五指执笔法又称五字执笔法，即擫、押、钩、格、抵擫。也就是，用拇指的第一节紧贴笔杆内侧，拇指关节捻动笔杆向外稍弯。押：是用食指的第一关节紧贴笔杆的外侧，与大拇指配合起来，将笔杆捉住。钩：是用中指的第一、第二节弯曲如钩地钩住笔杆的外侧。格：是用无名指的指甲根由内向外顶住笔杆的右外侧，把中指钩向内的笔杆挡住，而且向外推着。抵：小指紧贴无名指，依托在无名指的下面，不接触笔杆。无名指力量小，不能单独推着中指的钩，还要小指托在下面，加一把劲。汉简书写握笔方法如图 6-13 所示。

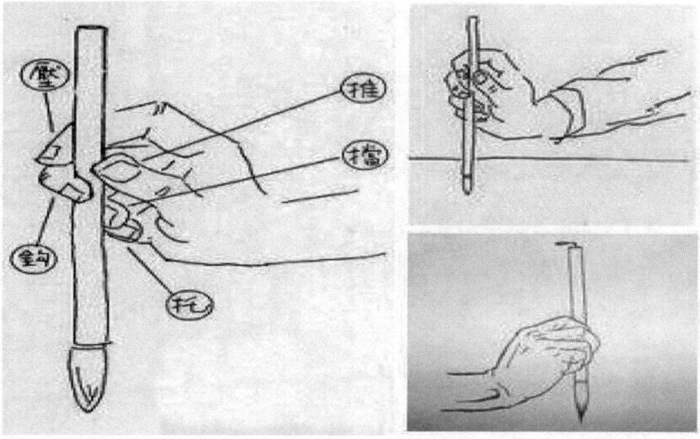

图 6–13　汉简书写握笔

2. 运笔方法示范

老师示范运笔方法，运笔的通常方法为：起收、顺逆、提按等写法，也就是表现书法艺术的内容和形式的运笔方法。

运笔的通常方法，即起收、顺逆、提按等写法，也就是表现书法艺术的内容和形式的运笔方法，称为通常方法，既是为了表明其通用而正常的性质，也是为了区别于专用、比拟等运笔方法。汉简书写运笔方法如图 6–14 所示。

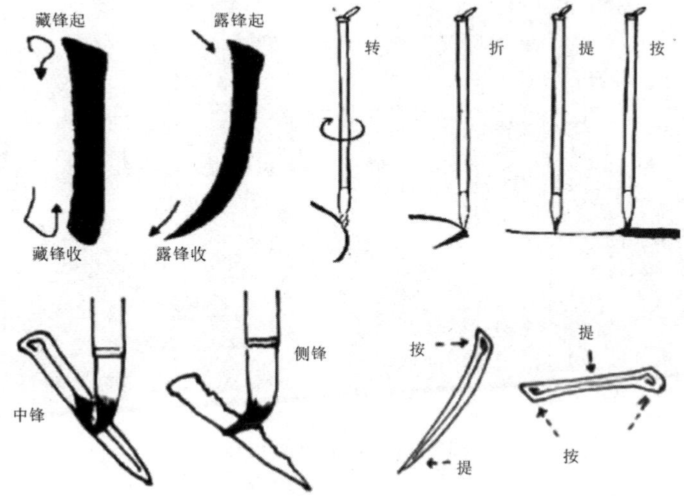

图 6–14　汉简书写运笔方法

3. 汉简书写练习

学生进行书写练习，如图 6–15 所示。

图 6–15　汉简书写练习

（五）任务活动 4　汉简书写创作

学生在折页上进行创作，如图 6–16 所示。

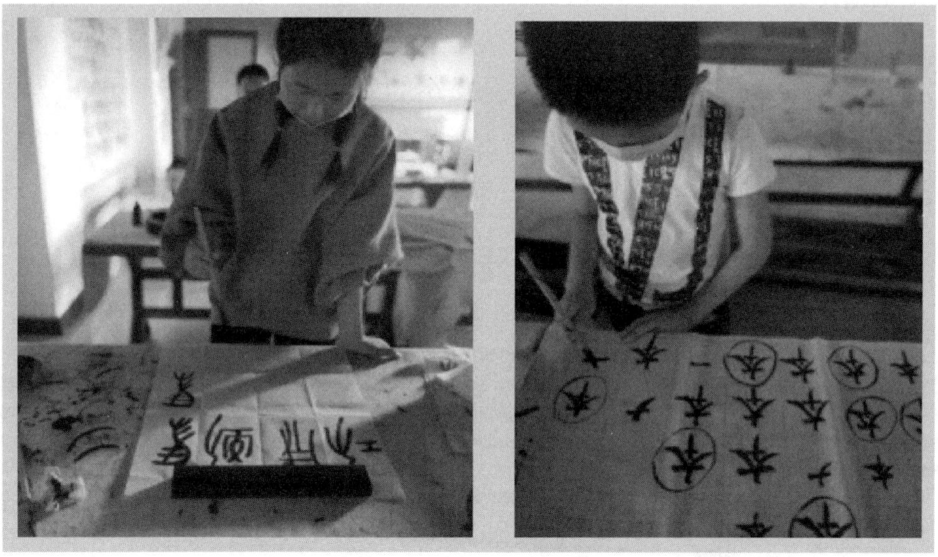

图 6–16　汉简书写创作

（六）任务活动 5　展示分享

（1）敦煌汉简作品展示。

（2）各组推荐 1 名同学讲讲自己的创作感受，并颁发纪念品。

（3）评出 10 名创意奖获得者，颁发证书及奖品。

（七）任务活动 6　总结与拓展

1. 总结

半个世纪以来，中国考古事业得到了突飞猛进的发展，大批简牍书法问世，使得书法家和学者大开眼界。简牍书法的出现，为书法领域开拓了新的局面。大量的简牍书法发现是现代人的功劳，如何继承、发展、创新简牍书法艺术是现代人的神圣使命。崇尚简牍，以简为师的思潮出现，也是现代人返璞归真思潮在书法领域的一种表现。我们应继续传承和创新优秀传统文化，使它们得以发扬光大。

2. 拓展

从汉简看敦煌

从一粒沙看世界，从一朵花看天国。

沙漠戈壁中的骆驼刺花，猩红的颜色，仿佛掺杂了遥远记忆的铁锈一样，红得让人不知所措，还更像是一句不明就里的谶语。如同一个小小的粉笔头不期然就会唤起我对一所幼时学校的记忆一样，通过一枚汉简来认识一座玉门关或者汉代长城烽燧狼烟，似乎是再自然不过的事情了。

敦煌汉简内容丰富，有官吏名籍、戍卒名籍、刑徒名籍、病亡名籍、马籍、弓矢簿、守御兵器簿，有劳作簿、器物簿、出入关记录、传递邮件记录、购物账单、借贷契约，有人医方、马医方、历谱、阴阳占术、相马刀剑术，还有识字课本《急就篇》《仓颉篇》……当然，作为军事要塞，与戍边有关的公文、法令，更是汉简的主要内容。其中有敦煌、酒泉一带屯兵戍边的活动，有中央、地方发布的号令，有调动军队的警备通知，有燃举烽火信号的规定，有追捕逃亡的通缉令，有政府颁布实施的法令，有官吏任免的公文，有诉讼爰书，有下属向上级呈报的公文，也有同级间互通的公文，以及大量具体生动的邮驿资料等。图 6–17 为甘肃敦煌市马圈湾烽燧遗址出土的西汉《马圈湾习字觚》。

图 6–17　西汉《马圈湾习字觚》

任务评价

自我评价：针对本篇任务的学习情况，进行自我评价。

学生姓名：　　　年级：　　　专业：　　　班级：　　　评价时间：　　　年　　月　　日

评价类型	评价内容	评价结果				
		10 分	8 分	6 分	4 分	2 分
习惯养成	态度积极，遵守纪律，自觉探究					
	独立自主，帮助他人，协作友爱					
情感养成	人文科学素养提升，求知求实，态度积极					
	团队意识、爱国意识、心理品质提高					
能力养成	按课程要求完成学习任务情况					
	学习能力与专业技能提升情况					
	综合运用知识解决问题、实践创新情况					
知识学习	人文、自然、社会知识学习情况					
	课外知识拓展及科学原理理解学习情况					
	书本知识在学习、生活中的应用了解情况					
自评得分						
需要提高改进的方面						

第七篇

护航研学

安全是生命的基石，是研学活动的保证。

《关于推进中小学生研学旅行的意见》的发布，让各地区、各所学校非常态的研学旅行变得常态化，让只有部分学生才能参与的活动开始普及化，让不同地区、不同学校“摸着石头过河”的研学旅行走向制度化、规范化。2014 年，《国务院关于促进旅游业改革发展的若干意见》明确提出研学旅行要按照“教育为本，安全第一”的原则组织。建立起完备的安全保障体系和法律援助体系，为学校组织研学旅行保驾护航，切实解除学校的后顾之忧。

在旅行中研学，在研学中体验；在体验中内化，在内化中生成；在生成中发展。

为学生们提供一个安全、广阔、壮美、丰厚的教育实践大平台，让有梦者都有远方。

任务　梦想起飞

任务导入

自 2016 年教育部等 11 部门出台《关于推进中小学生研学旅行的意见》以来，各地各部门进一步明确研学旅行立德树人、培养人才的根本目的，规范和引导中小学生研学旅行活动的组织与实施。中国教育国际交流协会作为国家标准委员会批准的团体标准试点单位、国家认证认可监督管理委员会批准的服务认证机构，组织专家研发了面向国际和国内的中小学生研学旅行系列团体标准，并推出研学旅行教育服务认证项目，进一步规范引领中小学生研学旅行活动。

任务目标

☆**知识目标**

1. 深入理解研学旅行服务规范的核心要素，为实际工作提供坚实的理论基础；
2. 掌握研学课程开发的基本标准与流程，确保课程设计符合研学旅行的实际需求；
3. 熟知研学课程实施过程中的管理规范，提升课程实施的效率与质量。

☆**能力目标**

1. 具备熟练运用研学旅行服务规范，为客户提供高品质服务的能力；
2. 能够独立开发兼具创新性、实用性与趣味性的研学课程，满足学生多元需求；
3. 提升对研学活动的管理能力，确保活动规范进行，并能科学评估与改进活动效果。

☆**素质目标**

1. 塑造专业素养与服务意识，以高度责任感提供卓越服务；
2. 激发创新思维与实践能力，持续优化课程设计以应对市场变化；
3. 培育卓越的组织、管理与评估能力，确保活动高效、规范并持续进步。

任务学习

教育部等 11 部门关于推进中小学生研学旅行的意见

教基一〔2016〕8 号

各省、自治区、直辖市教育厅（教委）、发展改革委、公安厅（局）、财政厅（局）、交通运输厅（局、委）、文化厅（局）、食品药品监督管理局、旅游委（局）、保监局、团委，新疆生产建设兵团教育局、发展改革委、公安局、财务局、交通局、文化广播电视局、食品药品监督管理局、旅游局、团委，各铁路局：

为贯彻落实党的十八大和十八届三中、四中、五中、六中全会精神，深入学习贯彻习近平总书记系列重要讲话精神，秉承“创新、协调、绿色、开放、共享”的发展理念，落实立德树人根本任务，帮助中小学生了解国情、热爱祖国、开阔眼界、增长知识，着力提高他们的社会责任感、创新精神和实践能力，现就推进中小学生研学旅行提出如下意见。

一、重要意义

中小学生研学旅行是由教育部门和学校有计划地组织安排，通过集体旅行、集中食宿方式开展的研究性学习和旅行体验相结合的校外教育活动，是学校教育和校外教育衔接的创新形式，是教育教学的重要内容，是综合实践育人的有效途径。开展研学旅行，有利于促进学生培育和践行社会主义核心价值观，激发学生对党、对国家、对人民的热爱之情；有利于推动全面实施素质教育，创新人才培养模式，引导学生主动适应社会，促进书本知识和生活经验的深度融合；有利于加快提高人民生活质量，满足学生日益增长的旅游需求，从小培养学生文明旅游意识，养成文明旅游行为习惯。

近年来，各地积极探索开展研学旅行，部分试点地区取得显著成效，在促进学生健康成长和全面发展等方面发挥了重要作用，积累了有益经验。但一些地区在推进研学旅行工作过程中，存在思想认识不到位、协调机制不完善、责任机制不健全、安全保障不规范等问题，制约了研学旅行有效开展。当前，我国已进入全面建成小康社会的决胜阶段，研学旅行正处在大有可为的发展机遇期，各地要把研学旅行摆在更加重要的位置，推动研学旅行健康快速发展。

二、工作目标

以立德树人、培养人才为根本目的，以预防为重、确保安全为基本前提，以深化改革、完善政策为着力点，以统筹协调、整合资源为突破口，因地制宜开展研学旅行。让广大中小学生在研学旅行中感受祖国大好河山，感受中华传统美德，感受革命光荣历史，感受改革开放伟大成就，增强对坚定“四个自信”的理解与认同；同时学会动手动脑，学会生存生活，学会做人做事，促进身心健康、体魄强健、意志坚强，促进形成正确的世界观、人生观、价值观，培养他们成为德智体美全面发展的社会主义建设者和接班人。

开发一批育人效果突出的研学旅行活动课程，建设一批具有良好示范带动作用的研学旅行基地，打造一批具有影响力的研学旅行精品线路，建立一套规范管理、责任清晰、多元筹资、保障安全的研学旅行工作机制，探索形成中小学生广泛参与、活动品质持续提升、组织管理规范有序、基础条件保障有力、安全责任落实到位、文化氛围健康向上的研学旅行发展体系。

三、基本原则

——教育性原则。研学旅行要结合学生身心特点、接受能力和实际需要，注重系统性、知识性、科学性和趣味性，为学生全面发展提供良好成长空间。

——实践性原则。研学旅行要因地制宜，呈现地域特色，引导学生走出校园，在与日常生活不同的环境中拓展视野、丰富知识、了解社会、亲近自然、参与体验。

——安全性原则。研学旅行要坚持安全第一，建立安全保障机制，明确安全保障责任，落实安全保障措施，确保学生安全。

——公益性原则。研学旅行不得开展以营利为目的的经营性创收，对贫困家庭学生要减免费用。

四、主要任务

1. 纳入中小学教育教学计划。各地教育行政部门要加强对中小学开展研学旅行的指导和帮助。各中小学要结合当地实际，把研学旅行纳入学校教育教学计划，与综合实践活动课程统筹考虑，促进研学旅行和学校课程有机融合，要精心设计研学旅行活动课程，做到立意高远、目的明确、活动生动、学习有效，避免“只旅不学”或“只学不旅”现象。学校根据教育教学计划灵活安排研学旅行时间，一般安排在小学四到六年级、初中一到二年级、高中一到二年级，尽量错开旅游高峰期。学校根据学段特点和地域特色，逐步建立小学阶段以乡土乡情为主、初中阶段以县情市情为主、高中阶段以省情国情为主的研学旅行活动课程体系。

2. 加强研学旅行基地建设。各地教育、文化、旅游、共青团等部门、组织密切合作，根据研学旅行育人目标，结合域情、校情、生情，依托自然和文化遗产资源、红色教育资源和综合实践基地、大型公共设施、知名院校、工矿企业、科研机构等，遴选建设一批安全适宜的中小学生研学旅行基地，探索建立基地的准入标准、退出机制和评价体系；要以基地为重要依托，积极推动资源共享和区域合作，打造一批示范性研学旅行精品线路，逐步形成布局合理、互联互通的研学旅行网络。各基地要将研学旅行作为理想信念教育、爱国主义教育、革命传统教育、国情教育的重要载体，突出祖国大好风光、民族悠久历史、优良革命传统和现代化建设成就，根据小学、初中、高中不同学段的研学旅行目标，有针对性地开发自然类、历史类、地理类、科技类、人文类、体验类等多种类型的活动课程。教育部将建设研学旅行网站，促进基地课程和学校师生间有效对接。

3. 规范研学旅行组织管理。各地教育行政部门和中小学要探索制定中小学生研学旅行工作规程，做到“活动有方案，行前有备案，应急有预案”。学校组织开展研学旅行可采取自行开展或委托开展的形式，提前拟定活动计划并按管理权限报教育行政部门备案，通过家长委员会、致家长的一封信或召开家长会等形式告知家长活动意义、时间安排、出行线路、费用收支、注意事项等信息，加强学生和教师的研学旅行事前培训和事后考核。学校自行开展研学旅行，要根据需要配备一定比例的学校领导、教师和安全员，也可吸收少数家长作为志愿者，负责学生活动管理和安全保障，与家长签订协议书，明确学校、家长、学生的责任权利。学校委托开展研学旅行，要与有资质、信誉好的委托企业或机构签订协议书，明确委托企业或机构承担学生研学旅行安全责任。

4. 健全经费筹措机制。各地可采取多种形式、多种渠道筹措中小学生研学旅行经费，探索建立政府、学校、社会、家庭共同承担的多元化经费筹措机制。交通部门对中小学生研学旅行公路和水路出行严格执行儿童票价优惠政策，铁路部门可根据研学旅行需求，在能力许可范围内积极安排好运力。文化、旅游等部门要对中小学生研学旅行实施减免场馆、景区、景点门票政策，提供优质旅游服务。保险监督管理机构会同教育行政部门推动将研学旅行纳入校方责任险范围，鼓励保险企业开发有针对性的产品，对投保费用实施优惠措施。鼓励通过社会捐赠、公益性活动等形式支持开展研学旅行。

5. 建立安全责任体系。各地要制订科学有效的中小学生研学旅行安全保障方案，探索建立行之有效的安全责任落实、事故处理、责任界定及纠纷处理机制，实施分级备案制度，做到层层落实，责任到人。教育行政部门负责督促学校落实安全责任，审核学校报送的活动方案（含保单信息）和应急预案。学校要做好行前安全教育工作，负责确认出行师生购买意外险，必须投保校方责任险，与家长签订安全责任书，与委托开展研学旅行的企业或机构签订安全责任书，明确各方安全责任。旅游部门负责审核开展研学旅行的企业或机构的准入条件和服务标准。交通部门负责督促有关运输企业检查学生出行的车、船等交通工具。公安、食品药品监管等部门加强对研学旅行涉及的住宿、餐饮等公共经营场所的安全监督，依法查处运送学生车辆的交通违法行为。保险监督管理机构负责指导保险行业提供并优化校方责任险、旅行社责任险等相关产品。

五、组织保障

1. 加强统筹协调。各地要成立由教育部门牵头，发改、公安、财政、交通、文化、食品药品监管、旅游、保监和共青团等相关部门、组织共同参加的中小学生研学旅行工作协调小组，办事机构可设在地方校外教育联席会议办公室，加大对研学旅行工作的统筹规划和管理指导，结合本地实际情况制订相应工作方案，将职责层层分解落实到相关部门和单位，定期检查工作推进情况，加强督查督办，切实将好事办好。

2. 强化督查评价。各地要建立健全中小学生参加研学旅行的评价机制，把中小学组织学生参加研学旅行的情况和成效作为学校综合考评体系的重要内容。学校要在充分尊重个性差异、鼓励多元发展的前提下，对学生参加研学旅行的情况和成效进行科学评价，并将评价结果逐步纳入学生学分管理体系和学生综合素质评价体系。

3. 加强宣传引导。各地要在中小学广泛开展研学旅行实验区和示范校创建工作，充分培育、挖掘和提炼先进典型经验，以点带面，整体推进。教育部将遴选确定部分地区为全国研学旅行实验区，积极宣传研学旅行的典型经验。各地要积极创新宣传内容和形式，向家长宣传研学旅行的重要意义，向学生宣传“读万卷书、行万里路”的重大作用，为研学旅行工作营造良好的社会环境和舆论氛围。

教育部 国家发展改革委 公安部
财政部 交通运输部 文化部
食品药品监管总局 国家旅游局 保监会
共青团中央 中国铁路总公司
2016 年 11 月 30 日

讨论与交流

1. 查阅资料，谈谈研学旅行产业的发展如何推动地方经济产业的发展。

2. 以地方为例，谈谈学生、家长、学校对当前研学旅行开展情况的看法。

任务活动

1. 研学政策法规调查：完成至少 4 个研学相关政策、法规、文件精神的调查，并填写下表。

政策文件名称 1	
政策文件摘要	
政策文件名称 2	
政策文件摘要	
政策文件名称 3	
政策文件摘要	
政策文件名称 4	
政策文件摘要	

2. 专题研讨：以 4~5 人为一个小组，每组选择一个专题方向进行资料的搜集整理，提纲自拟，字数不少于 4000 字，制作成 PPT，进行研讨结果的讲解分享，并填写下表。

专题一　研学旅行的历史发展和内涵

专题二　研学旅行课程开发现状

专题三　农村中小学生研学旅行现状和问题解决

专题四　红色文化研学现状及相关问题

专题五　研学旅行与素质教育的融合发展

题目	
提纲	

3. 研学课程设计与实施：以 4~5 人为一个小组，调查甘肃省域内研学资源，选定一个资源特色主题，每组设计一个 2~4 小时的主题研学课程，制作 PPT；进行模拟展示，并填写下表。

资源载体（单位）		
课程名称		
适用对象（年龄学段）		
课程目标	情感目标	
	能力目标	
	知识目标	
课程时间长度		
任务活动设计		

4. 研学活动评价设计：以 4~5 人为一个小组，进行研学活动学生自评表、学生互评表、研学导师评价表、家长评价表的设计。

任务评价

自我评价：针对本篇任务的学习情况，进行自我评价。

学生姓名：　　年级：　　专业：　　班级：　　评价时间：　　年　　月　　日

评价类型	评价内容	评价结果				
		10 分	8 分	6 分	4 分	2 分
习惯养成	态度积极，遵守纪律，自觉探究					
	独立自主，帮助他人，协作友爱					
情感养成	人文科学素养提升，求知求实，态度积极					
	团队意识、爱国意识、心理品质提高					
能力养成	按课程要求完成学习任务情况					
	学习能力与专业技能提升情况					
	综合运用知识解决问题、实践创新情况					
知识学习	人文、自然、社会知识学习情况					
	课外知识拓展及科学原理理解学习情况					
	书本知识在学习、生活中的应用了解情况					
自评得分						
需要提高改进的方面						

参 考 文 献

［1］胡晓峰，孔繁嵩，孙彦．研学旅行线路设计［M］．兰州：兰州大学出版社，2022.

［2］王晶波，邵郁．走进敦煌［M］．兰州：甘肃教育出版社，2023.

［3］李建刚，谷音，王军．研学导师实务［M］．武汉：华中科技大学出版社，2022.

［4］吴军生，彭其斌．研学旅行安全工作指南［M］．山东：山东教育出版社，2019.

［5］彭其斌．研学旅行工作导案［M］．济南：山东教育出版社，2019.

［6］读者教材编委会．读行陇原（小、初、高中版）［M］．兰州：甘肃教育出版社，2020.

［7］甘肃省地方史志编纂委员会．甘肃省志·自然地理志［M］．兰州：甘肃文化出版社，2018.

［8］甘肃省地方史志编纂委员会．甘肃省志·文化志［M］．兰州：甘肃文化出版社，2017.

［9］孙占鳌．酒泉市志［M］．北京：方志出版社，2008.

［10］侯杨方．这才是丝绸之路［M］．北京：中信出版社，2023.

［11］孙江．酒泉百人［M］．北京：航空工业出版社，2016.

［12］秦国顺．酒泉百珍［M］．北京：航空工业出版社，2016.

［13］罗祖兵．研学旅行课程设计［M］．北京：中国人民大学出版社，2022.

［14］伏俊琏，周奉真．甘肃文化史［M］．北京：中华书局，2022.

［15］颜东．自由自在游甘肃［M］．北京：人民交通出版社，2003.

［16］王中正．河西走廊研学方略［M］．西安：陕西人民出版社，2021.

［17］陈德胜．多彩阿克塞研学旅行指导［M］．兰州：甘肃民族出版社，2022.